隆法青年学者文库

中国劳动法治模式研究

隋一卓 ◎ 著

中国社会科学出版社

图书在版编目（CIP）数据

中国劳动法治模式研究／隋一卓著．—北京：中国社会科学出版社，2024.5
ISBN 978-7-5227-3037-0

Ⅰ.①中⋯　Ⅱ.①隋⋯　Ⅲ.①劳动法—研究—中国　Ⅳ.①D922.54

中国国家版本馆CIP数据核字(2024)第037384号

出 版 人	赵剑英
责任编辑	许　琳
责任校对	苏　颖
责任印制	郝美娜

出　　版	中国社会科学出版社
社　　址	北京鼓楼西大街甲158号
邮　　编	100720
网　　址	http://www.csspw.cn
发 行 部	010-84083685
门 市 部	010-84029450
经　　销	新华书店及其他书店

印刷装订	北京市十月印刷有限公司
版　　次	2024年5月第1版
印　　次	2024年5月第1次印刷

开　　本	710×1000　1/16
印　　张	12.5
插　　页	2
字　　数	201千字
定　　价	78.00元

凡购买中国社会科学出版社图书，如有质量问题请与本社营销中心联系调换
电话：010-84083683
版权所有　侵权必究

序言：探寻中国劳动法的历史轨迹和制度模式

改革开放40多年来，我国劳动法治建设飞速发展，与此相应，劳动法学研究也在扩展研究领域、提升研究深度、回应时代需求与挑战中日渐繁荣和发展，在学科基础理论研究（劳动法哲学）、立法文本研究、法律实施研究等领域取得了可喜的进步和成就。但客观而言，劳动法基础理论研究尚有较大的掘进空间，特别是聚焦劳动法文化和劳动法模式等更为宏观和抽象的部门法哲学"形上"问题的追问与回答，还较为薄弱和阙如。隋一卓博士的专著《中国劳动法治模式研究》的出版，则在一定意义上弥补了这方面研究的空白和不足。

"模式"是结构主义的重要认识方法和思维范式，其可以用来描述和解释难以还原的复杂现象，也是现代性思维的表现之一。当代中国劳动法已经形成具有整体性、一般性、规律性等特征的法律体系，但诸多法律元素在劳动法的生成与发展中不断地经历冲突与嬗变，需要加以正视和系统化考量。运用"模式"考察方法研究劳动法运行中的各种法律现象，是认识和理解现代劳动法的一条必要路径。"中国劳动法治模式"是一个高度抽象而宏大的概念，通过"法治模式"这样崭新的视角和叙事方式的考察研究，可以描绘出中国劳动法动态发展过程中的表现方式和结构模型。对劳动法治模式的研究可以助力我们在错综复杂的法律现象、社会关系和利害纠葛中透视劳动法的过去、现在和未来。

《中国劳动法治模式研究》一书从历史文化入手，首次将劳动法作为一种法律现象和文化载体加以把握和探寻，展现了中国劳动法的发展史和文化史，解释了中国劳动法治模式的本土特征和历史形成的必然性。本书在以下方面体现了学术创新：基于中国与西方世界不尽相同的劳动法现象而究因探果，为劳动法史和劳动法文化研究提供了新的视域；首次运用"现代性"思维审视了劳动法的时代变迁，为劳动法学理论研究提供了新路径；并以"模式"为导向研究劳动法的内在机理与逻辑，为劳动法学提供了新的研究范式。总之，本书以"模式的生成、演进与现代化"为研究路向，基于历史和文化的视角完整透视了中国劳动法的成长轨迹及其模式构造，展示了中国劳动法治模式的历史逻辑、现实合理性和未来走向，对增强中国劳动法的理论自信、制度自信、道路自信和文化自信具有重要的理论支撑作用，同时对合乎规律、顺应历史、面向未来地全面准确把握中国劳动法的未来发展之路具有学术指导意义和实践引领价值。

从书稿内容和行文逻辑来看，本书从"中国劳动法治模式的演进与生成"入手，得出其"构造与机理"，进而分析此模式在当下的"冲突及其消解"，最后在进行"反思与批判"的同时对劳动法的未来做出了研判、畅想和展望。本书的每个部分都能提出和论证作者自己的学术见解，颇具学术性和启迪性，值得一读。但客观而言，本书对"中国劳动法治模式"的本体性解析略显单薄，未能提供一个更为明确清晰的关于"劳动法治模式"的概念认知，对此尚有待后续研究予以弥补和强化。

本书是作者在其博士学位论文的基础上修改完成的专著，在原有博士学位论文内容的基础上新增了有关"后疫情时代劳动法的走向"和"ChatGPT对劳动法治的影响与挑战"等相关内容，以充分体现劳动法治模式问题研究的时代感和前瞻性。希望本书作者能继续保持青年学者应有的学术热情，勤于思考，笔耕不辍，以理论的力量和学术的方式为中国劳动法学研究和劳动法治建设贡献更多的智慧和力量。

冯彦君

2023 年 3 月 3 日

目　录

绪　论 …………………………………………………（1）
　一　选题依据和研究价值 …………………………（1）
　二　研究综述 ………………………………………（4）
　三　研究内容 ………………………………………（9）
　四　研究方法 ………………………………………（11）

第一章　中国劳动法治模式的演进与生成……………（13）
　一　劳动法的"轴心时代" …………………………（13）
　二　劳动法的孕育成形时期 ………………………（23）
　三　中西劳动法的分水岭 …………………………（31）
　四　劳动法的全球化与本土化时期 ………………（38）

第二章　中国劳动法治模式的构造与机理……………（48）
　一　中国劳动法治模式的本体解析 ………………（48）
　二　中国劳动法治模式的构造解析 ………………（52）
　三　中国劳动法治模式的运行机理解析 …………（60）

第三章　中国劳动法治模式的冲突及其消解…………（83）
　一　中国劳动法治模式的冲突 ……………………（83）
　二　中国劳动法治模式的消解 ……………………（98）

第四章　中国劳动法治模式的反思与批判 ……………（118）
　　一　中国劳动法治模式的现代性危机 ……………（118）
　　二　中国劳动法治模式的时代性失语 ……………（125）
　　三　"后疫情时代"劳动生活面临的新问题 ………（136）

第五章　中国劳动法治模式的未来 ……………………（151）
　　一　劳动的后现代性样态 ……………………………（151）
　　二　劳动法的后现代性变化 …………………………（157）
　　三　人工智能时代的劳动与劳动法——以 ChatGPT 的
　　　　出现为考察对象 …………………………………（162）

结　论 ………………………………………………………（178）

参考文献 ……………………………………………………（182）

后记：人何以强大 …………………………………………（192）

绪　　论

一　选题依据和研究价值

（一）选题依据

中国劳动法治的发展是一个作为"舶来品"的部门法学逐渐本土化的过程。在此期间，如何客观精准地评析中国本土特质与西方法治精神之关系是劳动法治发展的重要前提。本课题将中国劳动法治视为结构主义逻辑中的一个系统，试图通过历史与现实的考察发现该系统中存在的模式，即中国劳动法治模式。通过研究劳动法治模式，可以更加客观地审视中国劳动法治的现实，更加精准地判断劳动法中的诸多具体问题，具有对劳动法的解释、评价、调适的功能，同时也对劳动法和劳动法治模式进行反思和批判，最终试图实现对劳动法治模式的超越。

（二）研究范畴

"中国劳动法治模式研究"的研究对象是对中国劳动与劳动法中的现象、规则、体系、规律的高度抽象的模式化认识，也是利用结构主义的现代性思维去解释和描述中国劳动法律现象的一种方法。因此，本文中出现的"模式"既是研究内容，也是研究方法。

本书中出现的"劳动法"也有多重意蕴，可以概括为三个维度。第一个维度的"劳动法"是由一系列的法律、行政法规和部门规章组成的法律文本，其通过调整劳动关系、拟制劳动基准、规范集体协商、明确劳动监察和劳动保障，直接作用于现代劳动领域。可以说第一维度的劳动法是最具实践性和技术性的劳动法，所谓"劳动法律规则与体系"即采取此种"劳动法"的解释。第二个维度的"劳动法"是一个始于工业革命的，有独特研究范畴和研究方法的，并具有独立学科品格的法律科学。在这个意义上的劳动法是一般性的劳动法，也是最具学术性的劳动法。学界普遍的劳动法观念即采取此维度的"劳动法"。学界普遍认为："劳动法始于工业革命时期"，此处的"劳动法"就是这种中观的"劳动法"，因为工业革命时期描绘了现代劳动法的学科底色，奠定了其独特的法律品格。第三个维度的"劳动法"是一切劳动领域的一切规则。在这个意义上，劳动法与社会化劳动同时产生。本文开篇将对劳动法的研究追溯到"古罗马"与"秦汉"时期，正是指向宏观意义上的劳动法范畴。在宏观意义的劳动法上，"一切劳动领域"应该包括对劳动文化和劳动样态的研究；"一切规则"应该包括基于政策导向、文化传统、行业习惯等因素而产生的对劳动领域起到约束作用的一切实际规范。这个维度的"劳动法"，虽然是学科意义劳动法的范畴之外，却是研究"劳动法治模式"的重要考量。

（三）研究价值

1. 实践价值

（1）在"立法论"意义上，对中国劳动法治模式的研究有利于设计出更加科学的规则与制度。如果将西方法律逻辑强行推广到中国的土地上，会破坏中国的文化生态与各主体间的平衡，那些与中国模式无法相容的法律制度最终会流于空文而无法落实，形成实质意义上的法律空白地带，也大大降低了法律的权威性。

因此在中国模式的指导下进行制度设计是中国劳动法发展的必然和必须。

（2）在"解释论"意义上，对中国劳动法治模式的研究有利于对现行的劳动法作出适用性更强且更加合理的法律解释。相比立法活动，法的解释更加灵活，也更具调适性。以中国劳动法治模式为路径作出的法律解释，可以使法律与事实之间形成更加清晰的对应关系，有利于特定法律对特定事实的规范，同时促进了裁判的统一和司法的公正。

2. 理论价值

（1）在法制史与历史研究的意义上，本课题为其提供了新的研究线索与研究视角。在本课题第一章中，首次对中国与西方跨度三千年的劳动文化与劳动法律做出了对比，以不同时空下的社会转型为研究节点、以劳动立法演进为研究线索、以劳动文化基因为研究视角，研究中西不同劳动立法模式的形成，同时挖掘了大量原始材料，为法制史的研究提供了材料与观点的支持。

（2）在法理学意义上，本课题丰富了中国法治模式的内涵，是中国法治模式各个要素在劳动法中的投射。对于法治模式的讨论，在20世纪80年代末中国法治建设初期曾备受关注，最终形成了中国特色社会主义法治模式理论。时隔近30年，中国法治建设积累了更多的经验与智慧，也出现了新的问题与困境，在部门法哲学中重提法治模式的构建对法理学研究具有一定理论意义。

（3）在劳动法学意义上，劳动法治模式的提出本身具有方法论意义，是结构主义方法在劳动法研究上的一次尝试。在对模式的研究中，将劳动法的研究范围从工业革命时期出现的现代意义劳动法，向前推进到人类社会出现社会化劳动和规范化法律之后就出现的劳动法律现象。由此将不同时空中的劳动法律文化融入到现今不同的劳动法律模式之中，得出新的劳动法考察视角。

二 研究综述

（一）法理学与哲学领域

关于法治的研究主要集中在法理学的研究范畴之中，而关于模式与法治模式的研究则是法学与哲学共同作用的结果。早在古希腊时期就有关于治理模式的探讨和追求，柏拉图的《理想国》一书中提出了贤者之治的政治图景，而他的学生亚里士多德在《政治学》一书中首次提出"法治应当优于一人之治。"也提出了法治的两重含义："已成立的法律获得普遍的服从，而大家所服从的法律又应当是良好的法律。"罗马政治家西塞罗认为法律具有自然理性和权威性："法律统治长官，长官统治人民，法律是沉默的长官。"

古希腊与古罗马的古典法治理论在近代的英国找到了忠实的继承者，哈林顿在《大洋国》一书中提出了以自由为最高价值准则，以法律为绝对统治体制的法治共和国模式，他还讨论了构筑法治共和国模式的基本要件。洛克在《政府论》中进一步阐释了法治的精神："法律的目的不是废除或限制自由，而是保护和扩大自由。"戴西则在《英宪精义》一书中率先提出"法的统治"，并把法律至上、法律面前人人平等宣布为法治的基本原则。孟德斯鸠在近代法治理论和政治理论的基础上提出"三权分立"。卢梭基于"公意"理论提出了人民主权说。

进入现代社会尤其是第二次世界大战之后，人们在认识世界的方式上产生了根本性的变化，这种变化在哲学上可以表述为：从存在主义到结构主义的变化。人们对"个人""存在""自我意识"这些存在主义的概念失去兴趣，从主观角度出发的研究方法也逐渐转向为更加科学化和精准化的结构主义方法论。正如路德维希·维特根斯坦在《逻辑哲学论》中所表达的：世界是由许多"状态"构

绪 论

成的总体，每一个"状态"是一条众多事物组成的锁链，它们处于确定的关系之中，这种关系就是这个"状态"的结构，也就是我们的研究对象。结构主义思潮在社会科学领域的全面兴起使得法学开始用"系统—模式"的视角去审视法治问题，至此关于法治模式的发现与探讨在中外普遍兴起。张文显在《二十世纪西方法哲学思潮研究》中将战后西方法哲学基于对法治不同的理解和追求提出的多种法治模式总结为：自然的法治模式、合法性法治模式、形式正义的法治模式、全面正义的法治模式。李龙老师在1991年的《中国法学》中发表《法治模式论》，总结了西方各国关于法治模式的研究成果，并指出中国的社会主义法治模式的基础问题。其后的学者对中国法治模式应有的元素做出了诸多解读，汪进元认为，法治模式的要素应包括：完备的法律、法律至上、人民主权原则、人权原则、权力制约、依法行政、司法独立与中立、司法审查等。石茂生在《论法治模式》一文中认为，中国法治模式的内在要素有信仰、原则、制度和规则，信仰是灵魂，原则是基石，制度是架构和纽带，规则是细胞。侯继虎在《我国法治模式的选择及其实现》一文中将法治模式总结为：自然的法治理想模式、合法性的法治模式、形式正义的法治模式、全面争议的法治模式。程竹汝在《中国法治模式建构中的政治逻辑》一文中提出，当代中国的法治模式为政党推进型法治模式。这些学者从不同维度运用不同的类型化方法将中国法治进行了模式化的分析，为本课题提供了重要的理论支持。

在当代社会，随着后现代思潮的兴起，形成了在各个领域对现代性的反思与批判。尼采率先对理性做出了批判，他认为，"并没有什么精神、也没有什么理性、什么思维、什么意识、什么灵魂、什么真理，这一切全部都是无用的虚构"；利奥塔在《后现代状况：关于知识的报告》一书中对"宏大叙事"进行了批判；马尔库塞对现代标准化进行了批判；弗雷德里克·詹姆逊对体系性做出了批判，他认为"社会已经演变成为一个由多方力量所构成的放任的领域，其中只有多元的风格，多元的论述，却不见常规和典范，更容纳不了以常规和典范为骨干的单元体系"。然而这些现代性话语是劳动法治模式依赖的核心要素，也就是说"模式思维"和"结构主义"也是充满现代性的产物。无论是美国的诺内特和赛尔兹尼克；德国的哈贝马斯和卢曼，还是图依布纳，他们都承认法律制度的形式正遭遇现代性的危机，法律需要某种演进。诺内特和塞尔兹尼克认为，法律模式会经历三个阶段：压制型法、自治型法、回应型法，其中回应型法是应对法律形式危机的最后选择和演进结果。压制型法以维持秩序为核心导向，规则粗糙且对制定者约束很小，行政自由裁量权较大，法律从属于权力政治。自治型法以程序正义为导向，强调规则中心主义，严格恪守法律与政治的界限。我国劳动法正处于压制型法向自治型法的过渡阶段。卢曼和哈贝马斯进行分析的理论基础在于探讨法律与社会共变的社会结构和进程的演化。卢曼运用一种三阶段的演化方案，"将社会区分为（a）分割的社会，（b）分层的社会，（c）功能分化的社会。对于每一种社会组织类型，他都提出了一种相应的法律秩序类型。"卢曼进一步认为所谓的法律形式危机产生于从分层社会向功能分化社会的转变，这种转变"要求"法律秩序的相应转变。现行的实在法系统不能胜任功能分化社会的复杂性。在卢曼看来，现在真正需要的不是诺内特和塞尔兹尼克所建议的增加法律的目的性和参与功能，而是增加法律制度的高度抽象性、功能主义思考和"自我反思性"。与卢曼的思路相似，哈贝马斯也揭示了社会演化的不同阶段，并分析了这些阶段中道德与法律发展之间的关系。他主张"产生于权利平等之公民的商谈性意见形成和意志形成过程的程序主义法律范式"。在这种法律范式下，"私人行动主体和国家行动主体的主动性空间不再是一种零和博弈，取而代之的，是生活世界的私人领域和公共领域这一方面和政治系统这另一方面之间的多多少少未受扭曲的交往形式"。图衣布纳在上述四人的法律演进理论基础之上提出了"反身型法"（reflexive law）概念。这是一种更具有综合性的社会与法律共变的模型和法律结构。"其特征是一种新型的法律自我限制（legal self-restraint），反身型法并不负责对社会进程的后果予以规制，而是把自己的作用限制在对民主的自调整机制（self-regulatory mechanisms）的定位、矫正和重新阐释。"

(二) 法制史与史学领域

在对劳动法治模式的历史考察中发现，在现代劳动法观念的影响下，法制史学者及劳动法学者普遍认为，劳动法产生于19世纪初的英国，以《工厂法》《工会法》等法律为标志，如郭捷（《劳动关系及其法律调整的历史演进》）、全承相（《世界劳动立法的历史轨迹与动态趋势》）、熊晖（《劳动法的历史贡献与未来发展》）等。但是如若要探究劳动法治模式的演进与其内在的文化基因则需要从劳动与关于劳动的法律现象之根源寻找。马克思曾言：可以"在劳动发展史中找到理解全部社会的锁钥"[《马克思恩格斯选集》（第四卷）]，因此本课题将研究视域扩大到史学领域的研究与原始史料之中。在 M. P. 加图的《农业志》中发现了古罗马时期庄园经济对劳动定额与劳动关系的描述；在《史记》《国语》《考工记》《工律》《工人程》《均工律》《效律》《秦律杂抄》中发现了春秋秦汉时期的对于劳动者的法律规范，并在巴里·尼古拉斯的《罗马法概论》、李剑农的《中国古代经济史稿》、张晋藩的《中华法制文明史》中得到了验证。同样的方式在中世纪的欧洲与唐宋之间，在工业革命的英国与清朝之间找到了大量史料线索和研究文献，完成了中西劳动法治模式演进的比较研究。

(三) 劳动法学领域

在对中国劳动法治模式的现实考察之中，吸收了当代中国的大量劳动法学者的研究成果。

对于劳动合同法的问题：冯彦君老师在《理想与现实之间的〈劳动合同法〉——总体评价与创新点解析》一文中认为，劳动合同法总体上是得大于失的，但是也存在着"失根""失度""失当"的问题。钱叶芳在《劳动合同法修改之争及修法建议》一文中认为，劳动合同形式与期限规则是劳动合同法的两大核心制度，对其理解的误差和适用的混乱不仅导致了劳动合同法的立法目的不能实现，而且招致了种种质疑，亟须理顺和改造。除此之外，另一个亟须修改之处是劳务派遣用工中的雇主责任分配规则。郑尚元在《劳务派遣用工管制与放松之平衡——兼析〈劳动合同法〉第58条第2款》中认为，《劳动合同法》第58条第2款有关派遣单位必须与被派遣劳动者签订2年以上固定期限劳动合同之规定不符合劳务派遣弹性就业之属性。林嘉在《审慎对待〈劳动合同法〉的是与非》一文中认为，应当客观理性地对待《劳动合同法》的是非问题，《劳动合同法》的缺陷在于：劳动合同期限有待完善、双倍工资规定欠妥当、解雇条件过于严格、非全日制用工保护不足、规范劳务派遣效果不佳。

在劳动争议问题中：董保华在《论劳动争议处理立法的基本定位》中认为，劳动争议处理程序的症结在于工会、政府、仲裁机构与司法机关在部门利益上的互相纠葛。李雄在《我国劳动争议调解制度的理性检讨与改革前瞻》一文中认为，我国的劳动争议非诉讼纠纷解决程序与劳动争议调解制度，无论是在价值理念上还是在制度设计上，都存在错位和偏差，从而导致现有制度尚不能满足日益增长并且日益复杂的劳动争议解决的客观需要。

在工会与集体谈判机制的问题中：程延园在《集体谈判制度在我国面临的问题及其解决》一文中认为，集体谈判制度需要解决模式选择问题，即自治模式或政府主导模式。常凯在《劳动关系的集体化转型与政府劳工政策的完善》一文中认为，劳动关系集体化转型过程中亟待解决两种力量的关系问题，即政府自上而下的建构和劳动者自下而上的促进。

在和谐劳动关系的阐释中：冯彦君在《"和谐劳动"的观念塑造与机制调适》一文中认为：构建和谐劳动关系必须准确把握劳动关系的基本属性及其和谐意蕴，必须实现宏观立法与微观管理两个层面和谐劳动法律观念的更新与转换；必须合理调适相应的法律机制。董保华在《构建和谐劳动关系的新定位》一文中认为，和谐劳动关系是以动态和谐与正和博弈为目标，统一维权与维稳的逻辑关系。

三　研究内容

（一）历史成因与发展脉络

研究"劳动法治模式"一定要深刻地理解劳动与劳动法的历史，因为"历史"与"文化"是深嵌于"模式"之中的内核。学界通说认为，劳动法起源于19世纪初期的英国，以《工厂法》和《工会法》的出现为标志。这种起源论断的依据总结起来有两点：第一，这个时期有大量的劳动者进入工业生产领域，劳工市场开始出现；第二，这个时期的劳动法体现保护劳动者的法律品质，与现代劳动法相通。但是这种起源论断将劳动法变成了一个纯粹的舶来品，将中国本土的劳动治理经验与西方劳动立法的演进过程排除在了劳动法历史的研究之外，这样无法透析中国劳动法治模式中的文化机理，也无法完成劳动法治模式的历史考察。况且这种论断的两个依据是站不住脚的，据本课题研究，早在中世纪的英国就有大量失地农民和农奴涌入城市，并出现了繁荣的劳工市场。英国政府为了鼓励劳工的数量的繁荣，完成产业转型，出台了一系列解放农奴政策和大量劳工法规。这些劳工法规中也出现了大量保护劳动者的条款，在当时的历史环境下这些保护条款是充分和足够的。因此本课题提出了劳动法起源的新结论和依据。本文开篇创造性地将劳动法的历史追溯到人类的法律开始调整劳动现象为始，做出了横跨三千年时空的"劳动法模式"对比。通过对不同时期的劳动样态和劳动关系结构的比较研究得出了中国与西方劳动立法模式上的演进历程。

（二）本体阐释与范畴定位

本体研究即回答"中国劳动法治模式是什么"的问题。欲探究劳动法治模式之本体，须理清劳动法治模式的构造与机理。然而基于不同的研究范畴与维度，可以发现不同的现象与规律，劳动法治模式也就呈现出不同的样貌。本书从劳动法治模式的构造与机理两个维度，从劳动法的生成与运行两个方面综合回应这一问题。通过对劳动法的研究视点、立法体例与治理方式的的研究来阐释劳动法的生成模式，通过劳动权利、劳动权力与劳动法益的运行阐释劳动法的运行模式。

（三）模式冲突与自我消解

在劳动法治模式的结构清晰之后，必须清晰地认识到劳动法治模式之中存在着很多冲突和问题，如：法律文化与法律设计的冲突、经验主义演进式与理性主义构建式立法模式的冲突、法律价值追求上的内部冲突等；也有来自劳动法外部的劳动法与现实的冲突，如："劳动关系"逻辑与中国劳动事实状态的冲突、劳动合同法与劳动者保护的冲突、"工会制度"与保护弱势劳动者的冲突。这些冲突已经通过各种方式消解在劳动实践之中，既是对冲突的消解，也是对劳动法治模式的消解。这些消解来自对劳动法解释中、"和谐劳动关系"的构建中，以及民间规则与行政力量的运行之中。

既然劳动法治模式存在冲突，并且其冲突在法律之外实践之中被消解，那么就需要对劳动法治模式进行反思与批判。这种反思与批判应该是全面审视的，既有宏观的背景考察，也有微观的内涵研究；既有对现实的分析，也有对未来的预测；既有内容上的考量，也有方法上的追问；既是对劳动法的反思与批判，更是对"模式化法治"的反思与批判。

（四）问题出路与命题超越

劳动法治模式研究的最终目的是要回答"劳动法治模式能否实现超越"，当我们用后现代的视角去研究劳动与劳动法时，其所描述的劳动法是超越了现代性的后现代性劳动法。因此，劳动法治模式的最终出路是对模式的超越。

四 研究方法

（一）历史研究方法

本课题的第一部分，即历史考察部分。这个部分挖掘了大量史料，进行了充分的历史研究。将劳动法治模式的发展以社会转型节点分为了若干历史阶段，历史地展现劳动法治模式的演进。

（二）比较研究方法

第一部分对中西两种劳动法治模式的演进做出了全面的比较，这是本课题对比较研究法最明显的应用。

（三）实证研究方法

本课题采集了大量的司法裁判案例，通过梳理案例、梳理裁判思路，总结裁判经验，用以佐证解释论观点。同时本课题做出关于劳动关系的网络问卷调查，以作为实证依据。

（四）立法论与解释论相结合的研究方法

本课题期待通过劳动法法治模式的研究对劳动法的设立提供依

据，并对现行法律做出解释，使其更具适用性与操作性。

（五）结构主义研究方法

注重结构，强调对结构的分析是结构主义研究方法的基本原则，一般可以分为五个研究步骤，将研究对象通过：整体（wholeness）—关系（relationships）—消解主体（decanting the subject）—自我调解（self-regulation）—转换（transformation）的方式进行研究。本书用结构主义的研究方法将"劳动法治"作为研究对象，通过结构主义研究方法的五个步骤，得出具有结构主义形态的"劳动法治模式"。

第一章　中国劳动法治模式的演进与生成

"劳动法"从不同维度可以进行不同的解读。在一般的学术与学科意义上，学界普遍认为"劳动法始于工业革命时期"，因为工业革命时期描绘了现代劳动法的学科底色，奠定了其独特的法律品格。但是，欲研究"劳动法治模式"需要深刻地把握劳动现象和劳动法律现象的发展脉络和历史成因，其研究范畴应该包括对劳动文化和劳动样态的研究，以及因政策导向、文化传统、行业习惯等因素而产生的对劳动领域起到约束作用的一切实际规范的研究。因此本章试图在以时间为线索、以文化作维度、以社会转型为研究节点的比较研究中寻找劳动立法的不同模式，本章所指"劳动"是除了家事劳动外的一切社会化劳动，所指"劳动立法"是对社会化劳动的国家法律、政令、社会习惯等一切对劳动行为起规范约束作用的法律渊源。

一　劳动法的"轴心时代"

劳动是人类与自然沟通的重要媒介，人类在不断的劳动中实现着人与自然之间的能量变换，建构着人与人之间的社会关系，延续着人类文明的薪火与血脉。劳动是人类社会经济生活的实质内容，马克思曾言：可以"在劳动发展史中找到理解全部社会的锁钥"①，恩格斯也言："劳动创造了人本身"②，劳动是人类的过去、现在和未来。而人类对于"劳动"的理解与态度集中体现在不同时期、不同文化、不同政权的劳动的立法之上，因此也可以说：我们可以在劳动立法的发展史中找到理解"劳动"的锁钥。

"轴心时代"是德国历史学家卡尔·雅思贝尔提出的一个史学概念，他认为在公元前600年到前200年间人类文明开始觉醒，不同文明都出现了伟大的精神导师，如苏格拉底、释迦牟尼、老子、孔子等，各个文明的特质从轴心时代开始逐渐形成并不断丰满，时至今日我们仍然在从那个伟大的时代吸取精神养分。然而本文认为在劳动立法领域，同样存在一个可溯源而寻的"轴心时代"，在西方是古罗马时期（公元前509—395年）③，在中国的先秦两汉时期（公元前770—220年）④。在同一个时间线索下，东西方两个世界经历了重大的历史转折，体现出迥然不同又似曾相识的时代命运。在政治体制上，古罗马由共和走向帝制，中国由宗法分封转向君主专制；在文化上，古罗马对古希腊文化的高度复制导致传统罗马精神沦丧道德失范，中国在春秋中后期也开始进入礼崩乐坏的时代，直至周礼全面丧失了社会规范作用；在经济上，古罗马的小农经济被大地产制的奴隶经济所取代，在中国"井田制"也在战国时期开始瓦解，取而代之的是土地所有制和相应的赋税制度。在两个文明生产力与生产关系发生着巨大的变化，同时也是劳动样态的巨变，在这场伟大的历史洪流中，两大文明开始形成了对劳动、劳动者、劳动关系的理解，并通过法令和习俗积极追求心目中的劳动样态，从

---

① 《马克思恩格斯选集》（第四卷），人民出版社1972年版，第254页。
② 《马克思恩格斯选集》（第三卷），人民出版社1972年版，第508页。
③ 罗马王政时期自公元前753年开始，罗马共和国时期自公元前509年开始，罗马帝国时期自公元前30年开始，公元476年西罗马帝国灭亡，公元1453年东罗马帝国灭亡。本文比较研究的"古罗马"主要指罗马共和国至西罗马帝国灭亡，其间也包括古希腊文化制度对罗马的影响。
④ 公元前770年周平王迁都洛邑，东周开始，公元220年，东汉灭亡。

第一章 中国劳动法治模式的演进与生成

这个时代开始中西方逐步形成了截然不同的劳动立法模式。不同的劳动立法模式的产生是统治阶级的意志,更是不同社会生态下的产物,归根结底是生产力的选择。本文从劳动样态、劳动中权力(权利)结构、劳动关系样态三个角度比较两大文明的劳动立法模式选择。

(一) 劳动样态之比较

农业是"轴心时代"决定性的生产部门和主要劳动领域——西方有谚语称"罗马的城界是用犁划出来的",东方的战国时期也出现了"农本论"思想,但是东西方的劳动形式和劳动样态有着巨大的区别。

在罗马共和国初期,罗马的农业是建立在小土地所有制和个体小农经济的基础之上的。那时"一般农民从国家分配中领取2—7尤格(Jugerrum,一尤格相当于1/4公顷)的小块份地,他们靠自力耕耘,或至多有一二奴隶相助"①。但是随着罗马不断地对外征伐,在征服迦太基,吞并希腊之后很快成为地中海霸主,巨额的财富和大量的战俘奴隶涌入罗马,同时也出现了大量的新增公有地,掌握奴隶和财富的元老贵族与骑士开始大量购买公有地,同时兼并小农土地,形成了大地产制的奴隶主庄园经济。大地主甚至可以拥有"500尤格以上,甚至数千尤格的土地"②。他们利用奴隶劳动经营商品化和专业化的畜牧业、园艺业、种植业。从加图的《农业志》中可以看出,公元2世纪的罗马以100—240尤格的中等庄园经济为主,以葡萄和橄榄为主要经济作物。在《农业志》中也提到了两类劳动者:一类是奴隶,另一类是自由人。奴隶也有丰富的劳动

---

① [古罗马] M.P. 加图:《农业志》,马香雪、王阁森译,商务印书馆1986年版,第8页。
② [古罗马] M.P. 加图:《农业志》,马香雪、王阁森译,商务印书馆1986年版,第8页。

分工，包括：庄头、管家、御夫、御驴奴、御猪奴、园工奴等，自由人包括：雇用的日工、建筑工、手工业工匠、分益农等。奴隶承担一切繁重劳动工作，自由劳动者通过与庄主订立合同，从事季节性（如葡萄和橄榄的采摘）和技术性（如葡萄酒的酿制）以及土木建筑等工作。加图作为精明的庄园主在《农业志》中写道："二百四十尤格的橄榄园应做如下安排：庄头一名、管家一名、工人五名、牧牛人三名、驴夫一名、牧猪人一名、牧羊人一名，共十三人……一百尤格的葡萄园应构成如下：庄头一人、管家一人……共十六人。"[1] 甚至明确写出了对于奴隶和自由人的劳动定额和劳动报酬："给奴隶的口粮，做农活的冬季每人四斗、夏季四斗半，庄头、管家、牧羊人三斗……"[2] 此外奴隶还配有定量的酒、副食品和衣服。书中对于雇用的自由劳动者有更详细的劳动规则，本文总结如下：橄榄采摘者必须立誓不窃取雇主的橄榄，不得擅自摘下或打落橄榄，否则没有人支付其当日采集所得；因劳动过程中给雇主造成损失的，经公正人仲裁，从工钱里扣除；如果双方确定雇佣关系，在雇佣期间内第三方不得通过高价雇用该劳动者，除非提前声明二人有合伙关系；如果发生争执，要在罗马进行裁判。[3] 以上规则非常详尽，涉及劳资双方权利义务、竞业限制、救济层次和救济方式，虽然尚未考证以上规则是否属于国家法令，但是作者加图在成书前曾任罗马的执政官和监察官，据此推断这些规则应当被当时社会广泛接受和遵守，已然成为关于劳动的社会性规范，这应该属于古代罗马劳动法的渊源之一。

这些大庄园产出的经济作物通过罗马开辟的海陆商道向各地销

---

[1] ［古罗马］M. P. 加图：《农业志》，马香雪、王阁森译，商务印书馆1986年版，第12页。

[2] ［古罗马］M. P. 加图：《农业志》，马香雪、王阁森译，商务印书馆1986年版，第36页。

[3] ［古罗马］M. P. 加图：《农业志》，马香雪、王阁森译，商务印书馆1986年版，第66—71页。

售，以此为着力点带动了古罗马的手工业、商业、运输业、金融业，包括最为繁荣的高利贷产业的全面发展。总的来说，古罗马时期的劳动样态是以奴隶庄园经济为核心，劳动分工较为细致、商业链条较为完整、市场化程度较高的劳动形态。但是，古罗马的经济也是建立在对外扩张战争的基础上的，战争带来资金、奴隶和市场，一旦战争停止，繁荣的罗马也就失去了动力。

同时期的中国则表现出不一样的劳动样态。春秋时期开始，铁制农具广泛用于农业，生产力大为提高，使得一家一户为单位的小生产成为可能，私田的大量出现也在动摇着土地国有制的基础，"一部分大贵族没落了，另一部分新兴起的和传统血缘联系比较薄弱的社会势力开始将一部分土地租给直接生产者，征收一定数量的地租"[1]。各个诸侯国为了适应客观的社会转型需要，执政者纷纷进行田制改革。公元前645年晋国的"爰田制"、公元前594年鲁国的"初税亩"、公元前552年郑国的"作丘赋"等，同时出现了一批改革家，如齐国的管仲和秦国的商鞅。管仲施行"相地而衰征"，并将劳动人民进行单元化管理，"管子于是制国，五家为轨，轨为之长；十轨为里，里有司；四里为连，连为之长；十连为乡，乡有良人焉"[2]。商鞅废井田，开阡陌，大力发展农业而抑制工商业，并配套以严格的税赋政策，"僇（努）力本业，耕织致粟帛多者，复其身（免除徭役）；事末利及怠而贫者，举以为收孥（官奴隶）"[3]；"民有二男以上不分异者，倍其赋"[4]。商鞅的改革通过国家权力的介入，迫使人民深耕小家庭式的农业劳动，其农本政策在中国影响深远，并与古罗马的劳动立法模式走向了截然不同的两个方向。以上这些制度通过承认私田的合法性鼓励小农经济发展，以及配套的

---

[1] 张晋藩：《中华法治文明史》，法律出版社2013年版，第71页。
[2] 出自《国语·齐语》。
[3] 出自《史记·商君列传》。
[4] 出自《史记·商君列传》。

税收、基层管理制度将农民与土地深深地捆绑在了一起，直到两汉时期，"农业生产已转为佃耕及雇佣式"①。

除农业之外，手工业与商业也是东方较为重要的劳动形态，并呈现出不同于西方的劳动模式。从周朝开始便施行"工商食官"的制度，即国家垄断经营手工业和商业的经济制度和劳动模式。当时的手工业分工也较为精细，齐国官书《考工记》中记载，"凡攻木之工七，攻金之工六，攻皮之工五，设色之工五，刮摩之工五，搏埴之工二。"可见东周时期的手工业已经具备六大门类，每个门类又有多个工种，初具一定规模。秦朝统一之后，关于管理手工业的法律大量出台，如《工律》《工人程》《均工律》《效律》等，从产品的品种、规格到劳动力的调配，及劳动定额，技术工人的培训都有法律规定的标准或依据。秦设置了官啬夫、工师、工室丞、曹长等官职负责管理国营手工业。秦简《秦律杂抄》记载，秦对官营手工业产品要进行年度评比考查，如果考查时被评为下等，罚工师一甲，罚丞、曹长各二甲；若连续三年被评为下等，则要加倍惩罚。各县工官新上交的产品被评为下等，罚改工官的啬夫一甲，县啬夫、丞、吏、曹长各一盾。城旦做工而被评为下等，每人笞一百。对于造车、漆园、采矿等均有大致相同的规定。其中"甲"与"盾"都是对公务人员的物质处罚，而对于直接进行劳动的人员则直接体罚，因为他们一般是受刑或服徭役之人，比如城旦，他们的劳动是纯粹义务性的。

综上可知，古罗马与古代中国的劳动形态呈现不同的特征。在农业领域，古罗马渐渐转型为以庄园式的综合农业为主，各个庄园主独立管理经营；古代中国则转型为以小家庭为单位的佃耕和雇耕模式，国家统一进行单元化管理。在工商业领域，古罗马用战争开辟市场，用自由市场驱动生产，仍然以庄园式奴隶经济为基本的生

---

① 李剑农：《中国古代经济史稿》（上），武汉大学出版社2011年版，第173页。

产单位；古代中国的工商业则均由国家统一管理和调配。

（二）劳动关系中的权利（权力）结构

古罗马与古代中国有着不同的经济模式与劳动样态，也自然具有不同的劳动关系样态并呈现出劳动关系中不同的权利（权力）结构模式。

相传罗马王政时期最后一个国王"高傲者塔克文"非常残暴，最终被罗马贵族以革命的方式推翻，从而建立了罗马共和国。罗马共和国初期又经历了贵族与平民长期的斗争与妥协，在长达两个世纪的斗争之中，罗马产生了保民官制度并制定了公开于广场之上的《十二铜表法》。因此可以看出，在罗马共和国时期，无论是执政官还是元老院都不掌握绝对的权力，在平民与贵族的斗争中，罗马社会选择了法律作为权力的栖身之所，因此只要被法律所承认的人就在权力谱系中具有一席之地。而在整个罗马历史中，"家庭是法定单位，家庭的首脑——'家父（paterfamilias）'是唯一为法律所承认的完人。"[①] 这种父权（patria potestas）是罗马社会特有的制度，每一个罗马公民都处于家庭中最年老的男性长辈的权威之下，这个"家父"具有家庭中不受约束的生杀权和绝对的财产权。在罗马法中，只有家父才被称作"自权人（sui iuris）"，那些处于他的权力之下的子女、奴隶以及受役状态的人均为"他权人（alieni iuris）"。因此可以说，在古罗马时期的劳动关系双方是作为"自权人"的"家父"，与作为"他权人"的劳动者。

"家父"对其家庭成员具有绝对财产和人身上的权力。《十二铜表法》第四表中记载："家属终身在家长权的支配下。家长得监察之、殴打之、使作苦役，甚至出卖之或杀死之；纵使子孙担任了国

[①] [英] 巴里·尼古拉斯：《罗马法概论》，黄风译，法律出版社2010年版，第60页。

家高级公职的亦同。"可见，作为家庭成员与"家父"的劳动关系具有强烈的人身依附性。但是这种强烈的"人身依附性"并不是无法脱离的，文中所说的"出卖之"的真正含义不是将其卖给他人做奴隶，被卖的子女处于一种准奴隶状态（受役状态），属于暂时转移劳动力，其劳动关系并不发生改变，类似于今天所说的"劳务派遣"。《十二铜表法》第四表中同样记载到："家长如三次出卖其子的，该子即脱离家长权而获得解放。"这一条的意思是，若"家父"三次出卖子女的劳动力，子女可以获得解放，因此这种劳动关系并不是完全静态的。

"家父"与奴隶的关系则更为特殊。诚然，如果用今天的价值标准看待古罗马时期的奴隶，他们是辛苦的劳动者，是被奴隶主盘剥的悲惨阶级，但是用彼时的法律逻辑来看，奴隶属于主人的财产，并不具有法律意义上的人格，也就不会成为法律主体，因此如果"劳动者"是一个法律概念，劳动者则应仅限于公民。但是奴隶又是一种较为特殊的物，在罗马帝国时期，随着生产力的提高，人的能动性收益大幅提高，奴隶经济因奴隶较差的能动性而使得其使用成本反而高于自由人，从公元1世纪开始，罗马开始调整主人对奴隶的权力，无正当理由杀死奴隶被视为犯罪，受虐待的奴隶甚至可以主动跑到皇帝塑像下寻求庇护，主人则必须被迫出卖这个奴隶。同时罗马帝国也开始大量地解放奴隶，"据估计，罗马人口中80%以上是解放后的自由人或者直接或间接由解放自由人生育的后嗣。"[①] 从这种制度设计可以看出，虽然奴隶属于法律上的物，但也被视为一种具有社会性的劳动资源，在制度上甚至赋予其流转的可能性来优化这种劳动资源的合理配置。因此本文认为，在奴隶经济下的罗马，奴隶与主人的关系可以被视为一种

---

① [英] 巴里·尼古拉斯：《罗马法概论》，黄风译，法律出版社2010年版，第66页。

准劳动关系。

古代中国的地形条件决定了其势必会建立一个统一的中央集权国家。秦的统一结束了分封制的政治壁垒，建立了郡县制的集权国家，形成了皇权至上—法律工具化—所有阶层皆为被统治阶级的权力结构模式。因此在劳动关系上，国家扮演着特殊的角色，皇帝作为国家的象征是所有国人名义上的主人，其他所有国人都在不同程度上为国家进行着义务性劳动，这种劳动文化已经成为一种中国独特的文化基因，深埋在这片土地之下。可见，在古代中国，国家和国人之间形成了天然的劳动关系与人身依附关系。

在农业领域，虽然在秦朝就已经形成了家庭式的小农经济模式，但是国家对农业的管理却是全面而精细的。中央设大司农，位列九卿，下设"大田"负责具体事务。地方设田啬夫管理耕种，厩啬夫管理畜牧。并规定"农民如果'不田作'，要降为奴隶，以示惩戒。至于奴隶'不田作'则要送交官府惩办。"[①] 在彼时的农业领域，农业劳动与社会治理已经开始嵌入到一起。

国家权力在国营的工商业领域的参与则更为明显，在产品规格、劳动定额、市场货币等方面均作出了详细规定。《工律》中记载："为器同物者，其大小、短长、广袤亦必等。"意即同一规格的产品，其大小、长短、宽厚都必须完全相同，同时还规定"物勒工名，以考其诚"，建立对劳动者的奖惩机制。对于劳动定额和工作量的核算，秦律也有一套较为具体的制度来加以规范。从秦简《工人程》和《工律》来看，其相关制度有两个特点：一是根据季节、年龄、体力、性别的不同而分别作出不同的规定；二是重视技术，对简单劳动和复杂劳动区别对待。比如，技术不熟练的冗（杂）隶妾二人等于一名技术熟练的工匠；在一定期限内参加生产的更隶妾四人等于一名工匠；未成年、体力弱的小隶妾五人等于一名工匠；

---

① 张晋藩：《中华法治文明史》（古代卷），法律出版社2013年版，第129页。

但女子中的刺绣能手一人便等于一名熟练的工匠。《工人程》规定：工人在冬天做工可以放宽要求，三天干出夏季两天干的活就算达到标准。《均工律》规定：刚为工的人在第一年中完成一般工人生产定额的一半就可以了。秦朝对商业也制定了严密的市场管理办法，设立市官负责市场的巡视和管理，想从事贸易须到官府登记，加入市籍。可见，在古代中国，国家对劳动领域的方方面面有着事无巨细的精细管理，可谓"莫不皆有法式"，劳动法制已经成熟而完善。

在农业与工商业之外，徭役更是集中体现了国家对劳动力拥有完全的控制力。秦朝的徭役极为沉重，《汉书·食货志》记载，秦朝的徭役"三十倍于古"，根据秦简《编年纪》所载，男十七岁"傅籍"，"傅，著也，言著名籍，给公家徭役也"[①]。直到六十岁以上方免除徭役。这种国家无偿征调人民从事义务劳动的徭役制度在中国执行了近两千年。

综上可以看出，古代罗马的劳动关系建立在"家父"与其所属的家庭成员、奴隶和受役人之间，形成带有强烈人身依附性的劳动关系，"家父"在国家法律的约束下具有绝对的权力，"家父"的究极目的是逐利。在这种劳动关系中，国家权力并不直接介入其中，但是仍通过国家法律对劳动关系中的力量配比作出符合客观生产力状况的调整——比如通过"三次出卖制度"制衡"家父"的权力，通过不断修改奴隶的法律地位调整奴隶主与奴隶的关系。其权力结构可以描述为：国家提供制度平台，形成以"家父"为核心的多点制衡式的权力运作方式。古代中国的劳动关系建立在国家和所有不特定的国民之间。在这种关系中，国家居于核心地位，全面控制和掌握各种劳动要素。但是国家的究极目的并不是逐利，而是社会治理，也就是说，国家通过控制劳动权力来实现社会治理。其权力结

---

① 出自《汉书·高帝纪》。

构是国家居于权力核心并处于主导地位，形成的一元、单向的权力运作方式。两千年前东方与西方不同的制度设计，是今天世界范围内不同劳动法治模式形成的根源与文化基因。这种文化基因潜移默化地影响着我国的一系列政治选择，包括在劳动法层面建构的国家力量为主导型的劳动法治模式。

二 劳动法的孕育成形时期

在不同的政治环境、自然环境和经济环境的作用下，东方与西方分别萌发出自己的劳动立法形态，各自经历了属于劳动法的"轴心时代"，在此之后进入各自模式的摸索与培育时期。在西方就是"中世纪"[①]（476—1640），在东方是唐、宋时期（618—1279）。这个时期东方与西方在劳动与劳动制度上未出现重大变化和创举，处于停滞与摸索状态，但也是承上启下的关键时期。"中世纪"普遍认为从西罗马灭亡开始，这个时期的欧洲战乱频繁，生产力发展停滞，天主教对人们的思想高度禁锢。一种说法认为"中世纪"结束于英国资产阶级革命，因为资本主义时代的到来结束了中世纪经济的困苦；一种说法认为结束于文艺复兴，因为传统文化在中世纪被扼杀，文化的重新复活驱散了中世纪在思想上的阴霾。可见，无论从哪个角度，中世纪在人们心中都是黑暗和苦难的代名词，也被称为"黑暗时代"（Dark Ages）。但是，黑暗的中世纪也孕育着下一个辉煌工业的时代，并完成了资本主义血淋淋的原始积累。东方的唐宋中华是中国文化璀璨，社会繁荣的时期，尤其是唐朝更被后世誉为盛世。从一般的社会经济发展水平和发达程度上看，唐朝远比秦汉辉煌，然而，"从货币制度、国家财政、城市职能、生产领域、

---

① "中世纪"这一概念最早是由文艺复兴时期的著名史学家比昂多在《罗马衰亡以来的千年史》一书中提出，此后便被西方学术界沿用。

经济运行机制与运动规律等方面,考察汉、唐两朝的商品经济的发展,表明唐代商品经济的发展要比汉代相差很远"[1]。唐朝在劳动立法领域的制度建设并没有突破式发展,直到宋朝时期,在商品经济的推动下,劳动立法才有了一些时代进步。可以说"停滞、摸索"是两片大陆在劳动立法领域最大的相同点,但是同时也孕育着属于彼此的伟大时代的到来。

(一) 中世纪英国:从凋敝的农业生产到繁荣的劳工市场与劳工法规

古罗马的奴隶制庄园经济解体后,中世纪各国建立了农奴制领主经济,农奴基本由在战争中破产的自由民组成,他们依附于封建领主,在领主管辖区域内为领主提供义务劳作。这种落后的经济模式使得欧洲的农业发展水平极为缓慢,有资料显示,"在11—15世纪的丰收年份,英国土地亩产量是293.25公斤的粮食,但在中国唐朝时期,平均亩产量就已经达到了964公斤。"[2]可见中世纪农业发展水平之低,加之欧洲频繁的消耗式战争和重大的瘟疫更是给中世纪的农业以沉重的打击。14世纪黑死病在欧洲大规模暴发,瘟疫直接导致了欧洲的人口迅速减少,大部分欧洲国家人口减少了1/3到1/2,大量耕地被荒废,欧洲农业几近崩溃。这样的农业状况根本不能满足自身的需求,所以中世纪西欧粮食危机非常严重,很多国家的粮食需要依赖进口,"1300年,英王就委托意大利商人在摩洛哥购买粮食,以解决国内粮食短缺的问题"[3]。但是,中世纪西欧残破的农业生产状况却带来了社会劳动力结构的一次重大变化,大量农业人口涌入城镇成为城市劳动者,形成了规模化的工资雇佣市

---

[1] 秦晖:《关于汉唐商品经济之比较——兼答疑者》,《社会科学辑刊》1993年第5期。
[2] 吴慧:《中国历代粮食亩产研究》,农业出版社1985年版,第194页。
[3] 冯正好:《论中世纪西欧的农业》,《农业考古》2016年第4期。

场，直接导致这场劳动力结构变化的原因有二。

第一，大量农奴逃离领主，涌向城市。黑死病使得城市劳动力资源奇缺，为了补充城市劳动力，很多城市自行颁布法令鼓励农奴进入城市从事劳动，威廉一世就曾特许，（农奴）居住伦敦一年零一天后，就不再受主人奴役。[①] 英国大量城市纷纷效仿，因此当时流行一句谚语："城市的空气使人自由"。相对开放的劳动力流动政策使得农奴制经济在西欧逐步瓦解。

第二，凋敝的耕种业使得农业产业结构发生逐渐倾向畜牧业的变化，尤其在英国，圈地养羊成为领主们产业转型和资产阶级新贵逐利的主要选择，由此开始了一场浩浩荡荡的"圈地运动"。在13世纪上半叶，英国亨利三世颁布了《默顿法令》促进国家农业产业结构转型向畜牧业。法令规定，允许庄园领主圈占自由佃户不需要的荒地。但是很快圈地运动就演化成暴力圈地，出现了大量失地的自由民涌入城市寻求生活。圈地运动虽然损害了小农的利益，但是畜牧业的发展改变了英国的命运，导致了英国的资本主义生产关系在农业和农村中逐渐产生，催生了大量乡镇企业。

至此中世纪欧洲的城市，尤其是英国，迎来了大量没有生产资料的劳动者。"（通过数据）可以推测，中世纪中期，英国平均一半以上的人口通过工资劳动维持生计。"[②] 此时这部分人群已经初具规模并为国家经济创造客观的收益，这群人第一次被称为"劳工"。因为黑死病的影响，这些劳工的工资增长迅猛，例如，"爱德华一世时（1272—1307）的一个盖屋顶工的助手的日工资大约是一便士，但在1350年他的日工资竟增加为二便士以上"[③]。雇主们为此

[①] Stephen Alsford, "Urban Safe Havens for Unfree in Medieval England", p. 367.

[②] 徐浩：《中世纪西欧工资劳动市场再探——以产生时间和原因为中心》，《世界历史》2016年第4期。

[③] ［英］约翰·克拉潘：《简明不列颠经济史》，范定九、王祖廉译，上海译文出版社1980年版，第166页。

开始不断向议会和政府请愿，希望法律出面来扼制劳工工资上涨的势头。在这种背景下，为了能更好地控制劳工，迫使劳工能更好地工作，终于在1349年爱德华三世颁布了第一个"劳工法规"，下文简称"1349年劳工法规"。

1349年劳工法规的主要内容包括：劳工工资必须按1346年或1340—1346年之间的标准支付，领主享有对自己佃农的优先雇用权；任何人不得违反雇佣合同；任何人不得支付或者接受高于传统的工资；如果雇主违反规定将被处以其已经支付或承诺支付的工资三倍的罚金，违反规定的工人则要被处以监禁；卖家要以合理的价格出售食品；禁止给予有工作能力的乞丐以救济等。① 1349年劳工法规对雇佣合同、工资、雇佣条件等都作了强制性的规定，将国家权力介入到劳动双方的雇佣合同之中，通过人身处罚限制劳动者，通过财产处罚限制雇主，通过物价管控保护劳动者，通过社会救济政策调整迫使有劳动能力的劳动资源进入劳动力市场。

可以看出，1349年劳工法规的立法模式相比农业文明时期的欧洲已经开始发生转变。农业文明时期的劳动立法主要着眼于劳动双方关系，单纯把劳动看作奴隶主或封建主与劳动者之间的私事，而1349年劳工法规则第一次着眼于对劳动力市场的规制和调整，将劳动看作一场社会化的必然活动，这无疑是劳动立法史上的一次重大进步。

在1349年劳工法规之后，英国政府又陆续颁布了很多类似的劳工法令，如1351年劳工法规规定："农业劳工的工资必须根据1346年或之前四年的标准支付；服务年限应以年或其他通用的时间计算，而非按日计算；雇佣工人需在公开场合进行；仆役必须一年两次到地方官员面前宣誓遵守法令；皮匠和鞋匠必须按1346年的惯常价格来出售鞋子，工匠必须在法官面前宣誓他们一定遵守1346年的

---

① A. E. Bland, P. A. Brown, R. H. Towney ed., *English Economic History*, Select document, Compiled and edited by Bell and Sons, LTD, p.165.

第一章 中国劳动法治模式的演进与生成

惯例；地方官员也必须在法官面前宣誓他们将勤勤恳恳地查处那些违反法令的行为；治安法官一年举行四次会议；离开一个郡前往另一个郡的劳工将被监禁。"再如1361年劳工法规规定："一个镇的长官有权将一个拒绝证明自己清白的劳工禁闭15天；木匠和泥瓦匠按日计工资，其中师傅的工资是4便士，其他人是2到3便士；离开工作的地方前往另一个村或者郡的劳工和工匠将会被告上法庭，将被流放、监禁、在额头上用铁烙下大写的F来代表他们的罪行；宗教节日不计工资；如果一个工人跑到城市或自治市中，市长或市政官需将他移送至法庭。"还有1388年劳工法规规定："任何仆役如果没有加盖皇室印章的证明就不得离开他自己的百户区前往他处；工匠在收获季节必须强制参加农业劳动；任何人不能接受高于合同规定的工资，如果他第一次被控违法，需交出超出的部分；第二次被控就需交出超出部分的两倍；第三次三倍，如果他不能支付罚金将被处以四十天的监禁。无论何人，只要在十二岁之前一直从事农业劳动，那在以后的时间里他也必须继续从事农业劳动。任何农业仆役和劳工都不得佩剑、盾以及匕首。"该法案首次开始区分丧失劳动能力的乞丐和有劳动能力的乞丐，规定对前者应该尽可能救助而对后者则要处以监禁。这个法案首次明确国家对无劳动能力的人必须承担救济的责任。在1389年劳工法规中首次确定了治安法官应该根据食品的缺乏情况为每一个泥瓦匠、木匠和其他工匠、工人和日工厘定日工资。[1] 相比1349年劳工法规的进步性，1351年、1361年、1388年、1389年劳工法规具有强烈的封建色彩，充满了强制劳动、限制流动等不平等政策，赋予地方行政治安长官以权力，对劳动力市场进行社会化的严密管控。这种国家干预型的立法思路渐渐演变为"重商主义"（Mercantilism）的经济哲学。这个时期的劳动立法，为资本主义发展提供了劳动力向度的原始积累，也

---

[1] 金燕：《英国前工业社会的劳工立法研究》，《历史教学》2012年第16期。

是英国工业革命的爆发的政策条件和制度支撑。

(二) 唐宋中华：从完备的国家法制到开明的市民规则

不同于欧洲中世纪的凋敝与黑暗，中国唐宋时期呈现出一片盛世景象，但是同欧洲一样，这个时期中国的劳动立法也经历了唐宋两个不同的阶段。如果说，英国的劳动法规是在黑死病与农业的灰烬中成长起来的，那么唐与宋的区别是在稳定的国家主导型经济发展模式中自然进化的结果。唐朝是中华法制文明定型的时期，建立了完备的法制体系，确立了"礼法合一"精神元素。但是在劳动立法领域，唐朝继承了自秦汉以来的立法模式。对劳动者的管控非常严格，无论农业还是手工业，劳动者都具有强烈的人身依附关系，生产关系都落后于生产力，使得商品经济发展缓慢，这也是前文提到的"唐代商品经济发展比汉代相差很远"的原因之一。进入宋代之后，大部分劳动者被编入户籍，具备了法律主体资格，无论是农业还是手工业，普遍采用比较平等的雇佣关系，商业与商人的地位也得到提高，生产关系与生产力相协调。

在人身关系上，唐代社会由贵族特权阶级、平民阶级、贱民阶级组成，其中平民与贱民是主要的劳动者。平民阶级又严格分为"士、农、工、商"四个阶层，《大唐六典》中记载，"辨天下之四人，使各专其业。凡习学文武者为士，肆力耕桑者为农，巧作器用者为工，屠沽兴贩者为商。工商之家不得预于士；食禄之人不得夺下人之利。" "士"的地位自然最高，一旦进入"仕途"可以通过品级享受国家特权，这种法定式的阶层固化使得"工商"者的社会地位低下，"工商"业的发展依然处于国家控制之下。贱民阶级又分为"官贱民"与"私贱民"两大类，"官贱民包括官奴隶、官户、工乐户、杂户和太常音声人；私贱民有奴婢、部曲、客女、随身等。"[1] 这些贱民毫无权

---

[1] 张晋藩：《中华法治文明史》（古代卷），法律出版社2013年版，第308页。

第一章 中国劳动法治模式的演进与生成

利,无偿劳作,如《唐律疏议》中记载,"奴婢贱人,律比畜产"。建立在这种人身关系上的经济制度是国家配置一切资源的农业与手工业。

唐代的农业是以"均田制"为基础的小农经济,配以唐初的主要赋税政策"租庸调"制。其中"租"意为纳粮,"庸"意为徭役,"调"意为纳物(绢、布、棉、麻),这种劳动管理与社会管理政策与秦汉时期没有本质区别。唐代的手工业呈现出官府工业和作坊工业的二元形式,自北魏前期,国家就"禁止私家畜养百工伎巧,几有官府独占工匠之视"①。依据《新唐书·百官志》记载,唐代管理官府工业的机构有"少府监"和"将作监"。少府监所辖有织染、冶炼、铸钱等,以司制造服饰器用等物为主;将作监掌管百工,以司土木工事及陶琢工事为主。这些官府工业除了掌握生产和使用工人之外,还注意训练培植工人,《新唐书·百官志》中记载,"细镂之工,教以四年;车路乐器之工,三年;平漫刀稍之工,二年;矢镞竹漆屈柳之工,半焉……四季以令丞试之,岁终以监试之,皆物勤工名。"官府工业中的劳动者仍旧以无偿劳动为主,称为"番匠",在唐朝"农户须应番役,匠户亦须应番役,岁仅二十日,故曰短番匠,此无偿劳作之工匠也"②。随着对工人技术要求的提升,官府工业的工人中也出现了有偿劳动的形式,这种官府出资雇用的工匠称为"明资匠",这些明资匠大多拥有特殊精巧的技术,也叫作"巧儿"。明资匠的出现,标志着中国劳动者开始走向职业化与市场化,但是因为中国的市场处于权力驱动而非市场驱动,这种发展是极为缓慢的。在传统的官府工业之外,唐朝第一次允许民营手工业形式出现,称为"作坊工业"。"坊"的本意是住宅区,"作坊"便是手工业劳动者集中居住的住宅区之意,这些手工业劳动者密集的地方渐渐形成了民营的手工业与商业形式。唐朝的大都

---

① 李剑农:《中国古代经济史稿》(中),武汉大学出版社2011年版,第605页。
② 李剑农:《中国古代经济史稿》(中),武汉大学出版社2011年版,第610页。

会中都有各种小作坊工业，这些作坊渐渐发展为各式店铺，依照店铺种类分为"行"，从此"行"成为划分工商业种类的称呼，操持同样领域的工商业者被称为"同行"，唐时还出现了一系列有关"行"的法律术语，如"行滥""行作"等，这些同行之间，或因为方便政府管理，或因为彼此利益，渐渐形成组织，各式的"行会"由此形成。在那些公权力没有介入的地方，"行会"在中国发挥着越来越重要的作用。

如果说唐代的辉煌是国家与公权力的辉煌，那么进入宋代后的繁荣则开始倾向市民生活的繁荣和私权利的萌芽。在人身关系上，宋代将全国户口分为"主户"与"客户"，大部分底层劳动者在宋代获得了法律主体资格，编入"客户"之中，也就是"编户齐民"范围实质上扩大了，将没有财产的佃户，以及唐代的大部分贱民，如雇工、使女、人力等也编入户籍制度中，使他们拥有了自由的意志和权利，也保障了他们的人身安全。在这种人身关系的嬗变中，宋代的农业与工商业也相比唐代有了明显发展，劳动立法领域也有了质的变化。

在农业领域，宋朝初期就采取"不立田制""不抑兼并"的开放政策，使得土地最终流转到更高效的利用之中，中小地主和自耕农数量增长，佃农随着被编入户后，生产积极性也大为提高。农业的发展为手工业与商业的发展提供了更好的条件，宋代的矿冶、造船、纺织、制瓷、造纸都取得了前所未有的发展，商业与商人的地位在宋代也开始提高。在官府手工业与私人工业中，广泛地采取雇佣制，雇主与雇工之间签订雇佣契约，成立雇佣关系。家内服役的"人力"与"女使"与主人的关系也开始雇佣化，婢奴也成为了契约的一方当事人而非主人的私有财产。国家法律开始严禁主人用私刑惩治婢仆，唐朝时"奴婢贱人，类同畜产"的话语在宋代已经"不可为训，皆当删去"①。在宋代，商业与商人的地

---

① （宋）赵彦卫：《云麓漫钞》卷四。

位也发生了明显变化，商业被视为"能为国致财者也"①。商人也不再列入"市籍"，而是编入坊郭户，成为编户之民，并第一次拥有了科举入仕的资格，可以从政为官。至此，宋朝成为当时世界级的经贸大国。

综上可以看出，这个时期的东方与西方经历了截然不同的历史遭遇。中世纪欧洲因黑死病与频繁战乱，使得凋敝的农业与农民不得不在城市寻找生存空间，农业与农民纷纷转型为商品化的畜牧业和城市劳工，随之而来的是圈地运动和劳动力向城市的涌入。国家为了应对这场被迫的社会经济结构转型，出台了大量劳工法规，进一步促进了工商业的发展，渐渐开启了"重商主义"的经济哲学与政治思维方式。这个时期西方的生产关系紧跟生产力的变化而变化，甚至先于生产力而引领生产力发展。而稳定昌盛的东方大国唐朝，却保持着劳动领域的传统权力结构，也就是上文中提到的"国家居于权力核心并处于主导地位的一元单向的权力运作方式"。这种严密的国家管控使得唐朝的商品经济发展缓慢，这属于生产关系落后于生产力的表现。直到宋代，劳动者的人身依附关系才得到初步解放，商品经济得到飞跃式发展，这是因为生产关系后知后觉地适应生产力的发展。东、西方的劳动立法思路开始朝着相反的方向发展，并孕育着两个截然不同的伟大时代。

三　中西劳动法的分水岭

清朝统治中国的200多年间（1644—1912），西方世界发生了翻天覆地的变化。欧洲历经两次工业革命，从铁器时代进入了蒸汽时代，又从蒸汽时代进入了电力时代，而封闭大清王朝也处于中国历史上中央集权式封建王朝的巅峰时期。在劳动立法领域，为了适

---

① 《续资治通鉴长编》卷二六二，熙宁八年四月。

应工业革命浪潮下的经济要求，欧洲从重商主义经济模式转为经济自由主义的思维，在国家撤出了对劳动力市场的管控后，劳资矛盾空前剧烈，劳动者为了集中力量对抗资本家，工会组织得到了空前发展。从《反结社法》的立与废可以看出，劳动立法成为了企业主、工会、国家三方博弈的结果。清代的劳动立法沿袭宋朝的发展思路，更加自由与温情，从清朝乾隆年间修订的《雇工人法》可以看出，权利色彩与习惯力量成为劳动立法中的重要笔触。总的来讲，这是一个中国与西方世界劳动立法领域泾渭分明的时期。

（一）工会力量的兴起与英国劳动关系中权利（权力）结构的变化

伴随着第一次工业革命在英国的爆发，亚当·斯密的经济自由主义在英国随之兴起，并影响着国家的经济政策与劳动立法。"重商主义"逐步被"经济自由主义"所取代，亚当·斯密的劳资关系理念也动摇了传统的劳资政策和劳动结构，他认为契约自由而非管制是劳资关系的基础，他还坚决反对由国家立法干预劳动者工资，认为工资应由市场力量决定。亚当·斯密还主张在经济生活方面最大限度地限制国家和政府的管制角色，强调给予个人更多的自由，让"看不见的手"引导个人利益与社会利益实现最终的统一。在经济自由主义思潮的影响下，自"1349年劳工法规"以来的传统劳动立法体系开始崩溃，国家开始退出劳动力管制领域。但是此时的欧洲正值经济膨胀式发展的社会转型期，新型的劳资关系尚不稳定，呈现劳资紧张的态势，在这样的特殊时期国家权力在劳动领域的骤然退出，使得劳资关系彻底失序。

劳资关系的紧张集中体现在工资与劳动时间的争议之上，自从"1349年劳工法规"之后，政府一直扮演着规则制定者的身份，法定的劳动时间与劳动报酬是调解劳动关系的主要依据。而18世纪中后期因工资问题引发的劳资冲突几乎遍布所有行业，如爱丁堡的泥

第一章 中国劳动法治模式的演进与生成

瓦匠和木匠于1764年发动了罢工，要求提高工资。他们声称自己的工资已有100年都未增加过，他们同时向法庭请愿，控告他们的雇主联合起来压低工资，而没有根据粮食价格以及生活成本调整工资。[1] 1772年，谢菲尔德、纽卡斯尔、布里斯托尔等地的采矿业都出现过罢工，甚至暴力事件。直到1789年法国大革命的爆发点燃了工人的政治热情，曾经工人们的罢工只是对工资和工时的不满与宣泄，1789年后，工人开始争取政治上的权利，罢工演变成为一种政治运动，在这个时期，世界上第一个工人政治组织、工会组织"伦敦通讯会（London Corresponding Society）"诞生了，工会力量开始介入劳动关系领域。

工会的出现和壮大使得企业主非常惶恐，政府也慌张地选择站在企业主的立场扼制工会运动，于是1799年到1800年间出台了短暂而备受争议的《反结社法》。"根据《反结社法》规定，任何工匠、工人及其他人，在法案颁布之日起，彼此订立条约、协定、盟约的行为都被认为是非法的，经两名治安法官裁决后，可判处不超过三个月的监禁或不超过两个月的劳役。"[2] 但是《反结社法》出台之后，劳资矛盾反而更加深化，工会组织转入非法化，劳资冲突以更加极端的形式表现出来：秘密对抗与组织暴动。比如以破坏机器，捣毁工厂为形式的"卢德运动"在《反结社法》实施期间就尤为猖獗，英国政府不得不出台《保障治安法案》《捣毁机器惩治法》来惩治工人暴动。在这期间，非法状态下的工会组织仍然发挥着巨大的连接与组织作用，许多新的工会建立起来了，老工会的会员数在迅速增加，"《谢菲尔德信使报》反映了雇主们的惊慌失措：这已不是个别的一部分合同雇工为了某一点要求所进行的增加工资的罢工，而是几乎全国所有的技工联合起来，强制雇主接

---

[1] Fraser H., *A History of British Trade Unionism, 1700-1998*, Macmillan, 1999: 6.
[2] 刘金源：《〈反结社法〉与英国工业化时期劳资关系》，《世界历史》2009年第4期。

受他们的条件。"① 可以说，工业化浪潮中的英国社会局势动荡不安，以致哈蒙德夫妇在《技术工人》一书中坦言，"这个时期的英国史读起来就像是一部内战史。"最终英国在1825年废除《反结社法》，政府不得不正视工会的作用，劳动关系中的权利（权力）结构再一次发生变化。

《反结社法》被废除后，工会力量迅猛发展，英国也迎来了第二次工业革命，工人与工厂的关系更加紧密地结合到了一起，工人的社会地位和生活条件显著提高。"1831年英国储蓄银行的总户数大约为43万户，1887年增加到520万户。在增加的储户中，经济相对宽裕的熟练工人占据多数。"② 与此同时通过了《工会法》《雇主与工人法》等保护工人权益的法案，工人也开始拥有选举权，政府角色逐步转向劳资关系中的协调者。政府积极参与劳资纠纷的调解工作，1896年颁行了《调解法》明确了政府对劳动事项的干预取决于劳资双方的共识，而劳资双方也有了新的对话窗口：工会与雇主间的"集体谈判（Collective bargaining）"，这种有效沟通机制沿用至今。

（二）法、礼、习惯与行规并存的清朝劳动法治

清朝是中国最后一个封建王朝，也是中国封建中央集权制度的巅峰时期。在一脉相承的社会权力结构下，劳动立法仍然沿袭着千年来的主流传统和权力模式，但是随着商品经济的发展和人身强制关系的松弛，劳动和劳动立法已经开始民间化，随着户部、礼部、工部的则例不断充实，形成了包括劳动在内的庞杂的民间法律渊源。在对劳动领域问题的解释与裁判中既可以援引法令，也可以援

---

① 柴彬：《英国工业化时期的工资问题、劳资冲突与工资政策》，《兰州大学学报》2013年第2期。
② [英]约·阿·兰·马里欧特：《现代英国》（上册），姚曾庆译，商务印书馆1973年版，第288页。

第一章　中国劳动法治模式的演进与生成

引习惯或依循礼教，在特定商事领域行规也是规范行为的重要途径。法、礼、习惯等并用解决社会问题，是中华法治文明的历史基因，在清朝被发挥到了极致。

在农业领域，佃农的地位得到了进一步提高，佃户可以自由退佃，自由迁徙，不受地主随意支配。雍正时期通过立法确定了佃户与地主的平等关系，雍正五年（1727）颁行的《钦定例》中记载："如有不法绅衿仍前私置板棍，擅责佃户，经地方官详报题参，乡绅照违制例议处……地方官失于察觉，经上司访出题参，照徇庇例议处。如将佃户妇女淫占为婢妾者，俱革去职衔衣顶，照豪势之人强夺良家妻女者绞监候治罪。"这是中国史上对佃户保护最为严格的法令，对淫占佃户妇女者，可按绞监候治罪，体现了对礼教的保护和尊重，同时将保护佃户人身利益当作地方官的政治义务，如果失察就按徇私包庇处置，这样避免了因地主与佃户的强弱关系导致法律实施不善的问题。如此严格的法令使得地主与佃户在人身关系上，再无主仆之分。

在手工业领域，清朝废除了匠籍制度，官府对于手工业者的人身控制和经济剥削大为降低，可以说手工业者的身份获得了完全的自由。雍正、乾隆年间，官府招募手工业者做工一律采取雇佣制。在《奉各宪永禁机匠叫歇碑记》中记载："苏城机户，类多雇人工织，机户出（资）经营，机匠计工受值。"[①] 现代劳资关系模式在中国清朝已经逐步成形，也可以看出，从官方到民间，"雇佣关系"在清朝社会中极为普遍，成为劳动关系的主要形式。值得一提的是，清朝的雇佣关系呈现出两种不同的类型，"雇工"与"雇工人"，在对这两种类型的区分中可以发现清朝时期的"雇佣关系"仍然具有一定的伦理色彩，国家劳动立法与司法在促进劳动力解放和商品经济的同时也尊崇礼教习俗，维系着劳动关系中最后的依

[①]《奉各宪永禁机匠叫歇碑记》，见《江苏省明清以来碑刻资料选集》。

附性。

"雇工"是平民身份，与雇主没有主仆名分，只立有文卷（签合同），按时做工，按工取值，"雇工"与"雇主"的关系带有更强的经济从属性和商品经济特征，类似一种"平权关系"。而"雇工人"则不同，"雇工人"身份低于平民，与雇主有主仆名分，一般从事家庭服务劳动，其与雇主之间存在伦理上的尊卑关系，带有强烈的礼教特征。"雇工人"与家长或家长亲属之间的法律地位与平民不同，比如，"凡人（平民）相殴不成伤，罪答二十；雇工人殴家长及家长期亲，杖一百，徒三年。"① 那么判断是否为"雇工人"成为当时重要的法律问题，只乾隆年间，就根据具体案件多次修订《雇工人法》，乾隆二十四年定例：雇工人要么"立有文契年限"，要么"计工受值已阅五年以上者"②（就是签订合同或工作满五年），到了乾隆五十三年定例，雇工人需要与主人有主仆名分，且从事车夫、厨役、轿夫等打杂服役的劳动者，以及那些从事农业生产和商业服务的雇工，无论是否有文契都属于平民。从乾隆年间对雇工人判定的修改可以看出，国家在缩小雇工人的范畴，尽量限缩在家事劳动领域，而社会化劳动尽量遵循社会化的契约规则，由此可以看出清朝劳动立法者对雇佣关系和伦理关系认识的深入。清朝劳动立法方面愈发成熟且兼顾伦理，在司法方面则更显示出法律、伦理与习惯的统一，《成案质疑》中记载过这样一个案例：

雍正十三年，时毛儿给刘玉家做工，约定年付七千钱，但没有签订文契，但已经工作两年了。一天刘玉的儿子与时毛儿去赶集，回来的路上，刘子打死了时毛儿。此案的焦点在于时毛儿是否属于刘家的"雇工人"，这和刘子的量刑有着巨大的关系。当时的直隶总督认为属于雇工人，而刑部则反对，认为刘家与时毛儿没有合

---

① 张晋藩：《中华法治文明史》（古代卷），法律出版社2013年版，第619页。
② 《大清会典事例》卷八一零，《刑部·刑律斗殴》。

同，也不够年限，不应该属于雇工人。而直隶总督坚持原判，理由是："乡间风俗，雇外来之人恐其来历不明，必须立文卷为凭。今时毛儿系同村素识，彼此相信，其年限、工价即以口议为定。"此案最终维持直隶总督意见。

《成案续编》中也记载过发生在乾隆二十二年的一个案例：

魏俊自幼在翟家做佣，后来婚配之后仍未离去。雇主之弟听闻魏俊与翟家三嫂通奸，便砍杀三嫂和侄女，然后自杀。官府认为魏俊虽不是凶手，但是三条人命的祸首。巡抚认为魏俊虽不符合当时雇工人条件，但是翟家为其娶妻"情深义重"，仍然按照雇工人身份治罪"绞监候"，刑部认为量刑过轻，此罪刑"尤为重大"改判"绞立决"。

这两个案件，在判断当事人劳动者身份时，都没有严格按照当时的法律判定，但是却作为指导性案例流传了下来，因为两案一个援引"乡间风俗"，一个因为触碰礼教，体现出清朝在对包括劳动领域在内的对于私权利裁判中的特点与取向。这两个裁判案例从一个侧面说明了中国法制在目的上不同于西方法制的地方：中国法不拘泥于法理逻辑，不以解释和评价具体涉案人与事为目的，而是把具体的人与事代入到社会环境之中，追求一种更大的社会效果。中国传统的劳动法着重承担着社会治理的功能，因此更遵循这种特征。

劳动力的解放带来了手工业的繁荣，商业也经历了空前的迅猛发展，中国商业的"行会"传统得到了充分发挥，出现了各种工商业者的自治组织。比如："商人会馆"，是由会员集资建立，拥有共同的财产，为往来会员提供仓储和住宿，并负责订立行规；"工商业工所"，是更为严格的行业组织，主要负责消除本行业内部竞争，调解纠纷等；"行"指根据经营种类而组织起来的团体；"帮"指按地域划分的同乡同业的团体组织。在清朝这些行会组织不但拥有"民事法律主体资格"，而且积极填补行业相关规则，在行业中具有很强的行为规范作用，对于特定劳动关系中的权利义务也具有习惯意义的司法效力，可以说这些行规也是清朝劳动法的重要渊源。

在这个时期，东方与西方的劳动法治已呈现出泾渭分明的两种模式。西方的重商主义退出历史舞台，取而代之的是经济自由主义，国家力量开始退出劳动领域后劳资关系失序并斗争激烈，由于力量配比失衡，劳动者自发形成"工会"对抗雇主集团，国家在经历《反结社法》的废立之后开始承担工会与资方的协调者身份，最终确立工会与资方集体谈判，国家中立的提供保障的劳动法治结构，这种结构是在劳资对立与冲突中实现动态的平衡。而东方的劳动法律渊源庞杂，从国家法律到礼教习俗再到行业习惯，既有国家意志为主的单向权力结构，又有伦理要求为辅的社会和谐保障，还有行业规矩为填充的经验性智慧。这种结构下的东方劳动法治效果是极为稳定而平衡的。

四　劳动法的全球化与本土化时期

20世纪至今的一百多年来，世界上的所有国家通过战争或贸易建立了紧密的利益关系，这种鲜血与金钱的联系突破了地缘的限制，把东方与西方两大迥然不同的文明勾连到一起，碰撞与融合无处不在。随着第三次科技革命的到来，全球化趋势在经济的带动下也影响着全人类的生活方式、法治模式、价值标准，与全球化相伴而生甚至同时进行的是本土化，将本土的文化基底、社会情况与全球化趋势相结合是20世纪的人类主旋律。

劳动法领域同样经历着全球化共识与本土化演进的时代特征。国际劳工组织使世界各国对劳动与劳动者的认识渐渐达成基本共识："劳动法"开始作为一个技术性概念在法学领域使用，它渐渐脱离了彰显自治与平权的私法，而转向彰显管理与倾向性保护的公法或社会法，这些是劳动立法全球化的表现。同样，世界各国也根据本国的国情特点和立法传统选择了不同的劳动立法思路，比如德国的社会保险型、英国的劳动标准型、美国的促进就业型和劳资伙伴型以及中国的和谐劳动关系型。

（一）世界劳工组织的成立与劳动共识的达成

20世纪初，欧洲各国的资本主义经济在世界范围扩张，渐渐具备了垄断性，垄断的帝国主义间存在根本的矛盾，因此第一次世界大战爆发了。战后的巴黎和会上，各国将重新划分世界格局，并重估世界矛盾和价值，此时的欧洲各国经济对工业劳动者的依赖非常明显，加之各国普遍认同国家参与调解，工会与雇主集体谈判的劳动关系模式，一个国际性的劳动者组织呼之欲出。经过巴黎和会的酝酿，在1919年的凡尔赛会议上，《国际劳工组织章程草案》被编入《凡尔赛合约》，同年10月，在美国华盛顿召开了第一届国际劳工大会，国际劳工组织（International Labour Organization，ILO）正式成立，它实际上是把雇主、工会和政府集合起来，统一表达意见，制定规则的组织，因此本质上ILO的成立，是上文总结的英国模式（工会—雇主—政府）在世界范围内的推广和共识的结果。第二次世界大战后它成为联合国所属的负责劳工事务的专门机构，该机构通过公约与建议书的形式参与国际劳动立法活动，时至今日（2017），成员国已经达到187个，共通过公约188项，建议书203项。在国际劳工组织公约目录里，将公约内容分为19个类别，包括：结社自由、工资、就业、工时、强迫劳动、休息权、工业安全卫生、福利设施住房、社会保障、社会政策、产业关系、女工、童工、老年工等。在关于这些类别的公约制定中，各国对于劳动和劳动者的一般认识、最低标准和人伦价值上已经达成世界范围的共识。而这些共识的产生，是欧美各国劳资冲突与斗争的结果，比如1919年ILO成立后制定的第1号公约，名为《工业工作时间每日限位8小时及每周限位48小时公约》，公约规定："一周中一天或几天工时少于8小时，则其余各天工时可多于8小时，但所多工时不得超过1小时"。著名的"八小时工作制"便以国际公约的形式确定了下来,而这是美国工人从19世纪开始就对此斗争取得的结果,经历了一次次的罢工,最终在1886年5月1日的芝加哥大罢工后迫使美国宣布实施八小时工作制。

此外ILO的公约制定也是一个较为及时的社会反馈,比如自1919年美国经济进入大萧条时期,1919年的第2号公约就是《失业公约》,公约规定:"凡批准本公约的会员国应设置免费公立职业介绍所,受中央机关管辖;并应设立委员会对介绍所工作事宜提供咨询,委员会内应包括雇主与工人的代表。"以此缓解大萧条为美国带来的负面影响。

更重要的是,ILO为劳动者提供最低限度的生存保障和安全保障,这些基本保障虽然在成熟的资本主义国家具有强烈的滞后性,但对于相对落后的缔约国来说还是具有一定意义。比如1928年就制定了第一个关于工资标准的第26号公约《确定最低工资办法的制定公约》和第30号建议书《实施最低工资确定办法建议书》,公约规定:"凡批准本公约的会员国应承允制订或维持一种办法,以便为那些在无从用集体协议或其他方法有效规定工资,且工资特别低的若干行业或部分(特别是在家庭工作的行业)中工作的工人,确定最低工资率。"这种法律规定最低工资的制度设计在英国1563年早已有之,即为《学徒法令》三百多年后才成为世界共识。再比如1919年第6号建议书为《禁止在火柴制造中使用白磷建议书》,因为白磷有剧毒所以禁止在制作火柴中使用,但是其实在1845年红磷火柴被发明后,白磷制造火柴的工艺早已不再使用,因为白磷不但剧毒、易燃而且稀有,早已经被红磷替代,ILO提出这样的建议书,可见它对劳动者安全的保护是滞后的,而且充满形式感。

在缔约国之中,ILO通过制定国际劳动规则不断扩大劳动法的世界共识——国家法律应对劳动者进行保护。在这种趋势下,"劳动关系"也开始脱离"雇佣关系"变成一个技术性的法律术语,

"劳动法"也开始脱离民法,并逐渐发展为一个独立的法律部门。因为彰显自治与平等的私法特征已经不符合劳动法中越来越多的政府管理与倾向性保护色彩,劳动法的公法化或社会法化渐渐开始。

(二) 欧美各国的劳动法治路径

在劳动理念和劳动法治全球化的背景下,欧美各国也根据本国国情选择了不同的法治路径和法制形式来进行劳动领域的平衡和管理。各国本土化的劳动机制经过不断的改良和完善又被其他国家或ILO所借鉴,最终又成为全球化内容的一部分,可见,本土化与全球化是一个联动的过程,互相融合,互为因果。

比如德国在劳动立法领域最先确立了强制性社会保险制度,德国之所以有这种制度贡献,与其独特的历史背景有很大关系,在19世纪末20世纪初,德意志帝国面对新的资本主义生产方式的变革、欧洲资产阶级革命的浪潮和波谲云诡的国内形势,德国在"铁血宰相"俾斯麦的带领下选择了专制主义统治,同时并行自上而下的改革。强制性社会保险就是在这种背景下产生的,通过国家强制力解决社会问题,缓和国内革命形势。俾斯麦政府时期就通过《劳工疾病保险法》《工人灾害赔偿保险法》《养老、残疾、死亡保险法》等世界上最早的劳动保险法律法规。在后来的1911年德国在较为成熟的保险制度的基础上形成了社会保险法典,1919年又增加了失业保险法,逐步建立了完备的社会保险体系。通过保险来分担劳动者风险的做法也逐渐被英国和美国效仿,并被ILO接受并推广到全世界。在1927年就通过了第24号公约《工商业工人及家庭佣工的疾病保险公约》和25号公约《农业工人疾病保险公约》,分别在工商业和农业中推行强制疾病保险,最终在1952年的第102号公约《社会保险最低标准公约》中规定了适用各国的一般社会保障水平。德国本土化过程中产生的社会保险制度就这样成为劳动法治全球化的内容之一，为世界劳动立法做出了贡献。

英美两国的劳动立法模式本是同源，但美国依据其本土特点在经济上完成了从亚当·斯密模式到凯恩斯模式的嬗变，在劳动立法中也从英国的劳动标准立法转变为劳资协调型立法。英国的劳动立法发展上文已作出详尽的分析，可以概括为："经济自由主义—政府权力退出—劳资集体谈判—政府制定最低标准"的基本路径，但是放任私人企业的经济自由主义在资本进入垄断阶段后开始低迷，英国的产业结构和经营管理方面在经济自由主义的背景下没有做出更好的优化，导致英国的国际贸易地位下滑，而本国市场狭小和国际贸易失利导致新的经济理论和劳动立法形式的出现，凯恩斯主义认为：应主张用国家干预经济的政策，实现充分的就业和经济的增长，在劳资关系中，政府应积极介入协调劳资关系。凯恩斯主义在美国罗斯福新政时期达到高潮，而后通过充分就业来拉动内需维持社会稳定和避免通货膨胀成为美国劳动立法的特色思路。1946年美国第一个通过了《就业法》，1967年制定了《消除就业中的年龄歧视法》，1971年的《紧急就业法案》和1973年整合的《综合就业与培训法》，美国通过这些立法使国内劳动者实现了更充分的就业，以此拉动庞大的国内市场，实现经济的稳定增长。在美国政策的影响下，ILO在1964年制度了第122号公约《就业政策公约》和第122号建议书《就业政策建议书》。公约第1条规定："本公约的会员国应宣布并实行一项积极政策，作为一项主要目标，旨在促进充分的、生产性的和自由选择的就业。"这种劳动立法思路在ILO的作用下，再一次成为全球共识。在美国政府积极参与劳资关系这种劳动立法思路延续下，克林顿政府时期进行了"劳资伙伴关系"改革，通过加强职工参与企业经营管理、强化集体协商来减少劳动争议，保持经济增长，政府甚至成立了由劳工部、联邦劳动关系署、联邦调停署等部门负责人组成的"国家伙伴关系委员会"，专门研究美国劳动关系政策。

第一章 中国劳动法治模式的演进与生成

可见，20世纪的西方各国在劳动立法领域关联紧密，互相影响，彼此间达成共识后通过ILO推广到全世界，形成劳动立法全球化的潮流。

（三）中国劳动立法的两个阶段

无论在社会结构、经济结构还是劳动立法模式上，中国与西方有着迥异的发展历程，因此法治思维全球化对于中国而言，更像是西方制度文明对东方的强势侵袭。对西方世界的抗争与接受，对于中国而言就显得更加悲情和激烈，而在碰撞之后一定会产生更富智慧的火花。在这场全球化与本土化的交融中，中国的劳动立法经历了两个阶段。

第一个阶段是：被迫接受与阶级觉醒。中国进入20世纪后，虽然清王朝结束了封建统治，建立了资产阶级政权，但是长久的劳动立法模式与观念仍然根深蒂固。1912年颁行的《中华民国暂行刑律》第224条规定："从事同一业务之工人，同盟罢工者，首谋处四等以下有期徒刑、拘役或300元以下罚金，余人处拘役或30元以下罚金。聚众为强暴胁迫或为首者，依骚扰罪处断。"[1] 可见在当时国人心中，"劳动者为维护和保障自己的劳动权益而举行罢工、集会结社，似与造反无异，素为法律和官府不容"[2]。但是第一次世界大战结束后，中国作为战胜国积极参与了战后的一系列国际公约，其中就包括国际劳动组织，中国甚至是ILO的创始国之一。在第一次国际劳工组织大会上曾为远东各国的劳动问题专门设立一个特别国委员会，对中国做出特别决议："劳动时间以每日10小时、每星期60小时为原则，其未满15岁之劳动时间以每日8小时、每星期48小时为原则；每星期得休息1日；凡工场之使用工人在百人以上

---

[1] 《中华民国立法全书》午，上海广益书局1918年版，第23页。
[2] 饶东辉：《民国北京政府的劳动立法初探》，《近代史研究》1998年第1期。

者即得适用工场法；外国租界上所有之工场亦适用此项同样之时间制；速行制定工场法。"① 该特别决议相比 ILO 的第一号公约而言放松了许多条件，是对中国的一个过渡性决议。同时特别委员会还要求"中国政府从速调查劳动状况并向国际劳工大会提出关于如何实施劳工保护原则的报告书"②。这迫使北洋政府不得不着手制定符合 ILO 最低标准的劳动法规，于是 1920 年农商部就发布通告，订立工厂法规，通告中称："吾国工厂出兴……参酌先进国成法，订立法规……"③ 随即民国政府出台了一批劳动领域的法律法规，但是由此可见，这个时期的劳动立法是纯粹的被迫模仿的产物，是劳动立法全球化的产物。

政府被迫立法的同时，中国的工人阶级也开始觉醒，尤其是 1921 年中国共产党成立后，就把劳动立法作为工人运动的重要内容。中国共产党在上海成立了"中国劳动组合书记部"，并在 1922 年制定了《劳动立法原则》和《劳动法大纲》，并联合各地工会发布请愿书，要求国会通过《劳动法大纲》并承认工人的集会、结社、罢工等权利。虽然国会最终没有通过，但是《劳动法大纲》成为共产党领导工人运动的斗争纲领，也让劳动立法成为当时的一场社会化运动。

第二个阶段是摸索与创新阶段。

1949 年中华人民共和国成立后，中国的劳动立法也进入新的阶段。在中华人民共和国成立初期，正值新民主主义社会向社会主义社会的转型时期，劳动立法围绕着《中国人民政治协商会议共同纲领》的原则而展开，于 1950 年颁布了《中华人民共和国工会法》，该法令规定了工会的性质、权利、任务和工会与人民政府的关系以及工会与国营、私营企业的关系。工会法的颁布，将顺了当时资方

---

① 《中国之劳动时间制》，《晨报》1919 年 12 月 7 日。
② 饶东辉：《民国北京政府的劳动立法初探》，《近代史研究》1998 年第 1 期。
③ 《农商部注重民生之通告》，《大公报》1920 年 3 月 13 日。

第一章 中国劳动法治模式的演进与生成

和工人的关系，大大地促进了工会组织的发展。于1951年颁布了《中华人民共和国劳动保险条例》，该条例适用于"雇用工人与职员人数在一百人以上的国营、公私合营、私营及合作社经营的工厂、矿场及其附属单位与业务管理机关"，并规定所有劳动保险费用全部由"企业行政方面或资方负担"，金额为"该企业全部工人总职工工资总额的百分之三"，1951年的劳动保险条例是新中国时期主动借鉴西方社会普遍的保险机制并与当时的经济背景结合的产物，其中企业负担保险费用的思路沿用至今。于1951年颁行了《关于劳动争议解决程序的规定》，该规定明确了劳动争议的解决过程为：第一步，双方协商成立协议，政府备案审查；第二步，双方不能协商交上级工会组织与上级企业主管机构协商解决；第三步，仍不能解决的申请当地劳动行政机关调解；第四步，调解不成的由劳动仲裁委员会仲裁；第五步，仲裁不服的五日内提起诉讼，否则仲裁决定有法律效力。可见当时的劳动争议解决程序非常冗长，行政权力介入程度也很深。时至今日，虽然行政权力已经弱化，但是"调解—仲裁—诉讼"的争议解决模式一直延续至今。到1954年，劳动权作为一项公民的基本政治权利写入宪法之中，这个时期新中国形成了初步的劳动法治，其治理模式直接影响着今天的劳动立法。

在第一个五年计划后期，我国也开始草拟《中华人民共和国劳动法》，但是"大跃进"和"文化大革命"中断中国劳动法治在20世纪的全球化与本土化的过程中自然发展的进程。这个时期的劳动法"沦为政治解说工具，丧失了应有的功能"[①]。

改革开放后，劳动立法进程迅速恢复，时至今日已经建立了一套法制完备的社会主义劳动法律体系，虽有非议，但总体上是不断

---

① 郭捷、王晓东：《劳动关系及其法律调整的历史演进》，《法学研究》1998年第5期。

完善的，这个完善的过程其实就是劳动法治本土化的过程。党的十九大报告中提出的"完善政府、工会、企业共同参与的协商协调机制，构建和谐劳动关系"是对劳动法进一步本土化的新要求。

（四）中国劳动法治模式的最终形成

党的十九大报告中指出，中国进入了中国特色社会主义新时代。新时代需要新的思想，而这种新思想不应该再回到20世纪的全球化与本土化，也就是模仿与改良的循环之中，而是应该有充分的文化自信，继而才能有理论的自信，制度的自信和道路的自信。这种自信应该建立在对历史的深刻把握之中，以文化基因为视角看待社会转型，在社会转型的背景下审视立法演进，在立法演进中寻找我们的未来。因此在进行新的劳动立法时，总会在劳动立法演进的轨迹中找到解构与理解劳动的钥匙。而比较研究同样是必要的，只有通过宏观的，历史的比较研究才能回答为什么要借鉴，如何借鉴以及借鉴到什么程度。本文对中西两个世界跨越三千年的劳动文化、劳动制度、劳动立法做出了比较和梳理，通过对不同时期的劳动样态和劳动关系结构的比较研究得出了中国与西方劳动立法模式上的演进：

西方的劳动立法的轴心时代是古罗马，劳动关系是建立在"家父"与其所属的子女奴隶之间，其权力结构是，国家提供制度平台，以"家父"为权力核心的多点制衡式的权力运作方式，这个时期是"家父"驱动自身营利的时期。进入中世纪后，在黑死病与频繁的战争中，罗马的"家父"制庄园经济开始崩溃，劳动力向城市涌入，国家开启了"重商主义"的经济模式，积极对劳动关系和劳动定额做出强制性规定，这个时期是国家驱动企业营利的时期。随着生产力的提高和经济自由主义的兴起，国家力量开始退出劳动领域，劳资关系的新秩序是工会与雇主进行斗争和谈判，国家参与调解，这种秩序在劳资对立与冲突中实现了动态的平衡，这个时期是

第一章　中国劳动法治模式的演进与生成

资本驱动企业逐利的时期。进入20世纪后，自由经济模式不能有效地消解崛起的垄断资本，国家开始对劳动领域做出更多的干预，随着经济的全球化，劳动立法也逐渐成为全球化趋势，西方本土做法渐渐发展为世界共识，这个时期是国家平衡劳资利益的时期。总结起来，西方劳动立法的关键词是：多点权力（权利）、经济逐利、对抗型劳资关系、斗争型工会、集体谈判。

中国劳动立法的轴心时代是秦汉时期，劳动关系是建立在国家和所有不特定的国民之间，国家居于核心地位，全面控制和掌握各种劳动要素，通过控制劳动权力来实现社会治理的。其权力结构是国家居于权力核心并处于主导地位的一元单向的权力运作方式。唐宋延续了这种权力运作方式，但直至宋以后，劳动者的人身依附关系才得到初步解放，商品经济得到发展。到了清朝时期，单向的权力运作已无法应对复杂的商品经济特征，劳动法律渊源从国家法律到礼教习俗再到行业习惯，既有国家意志为主的单向权力结构，又有伦理要求为辅的社会和谐保障，还有行业规矩为填充的经验性智慧，使中国的劳动立法平衡而稳定。20世纪后，中国的劳动立法经历了全球化的侵袭和本土化的探索。总结起来，中国劳动立法的关键词是：单向权力、社会治理工具、管理型劳资关系、合作型行会、调解与仲裁。

第二章　中国劳动法治模式的构造与机理

在第一章中，通过对中西劳动法治模式演进与生成轨迹的分析，得出了阶段性的结论。但是这种结论是寓于历史研究与比较研究之中的，其研究视点和研究方法决定了其不能回应劳动法治模式的本体性问题，欲探究劳动法治模式之本体，须理清劳动法治模式的构造与机理。然而基于不同的研究范畴与维度，可以发现不同的现象与规律，劳动法治模式也就呈现出不同的样貌。本章选择"劳动法的生成"与"劳动法治的运行"作为基本范畴，分析劳动法治模式的构造与机理。其中，劳动法的生成模式包括：劳动法的研究视点、劳动法的立法体例与劳动法的治理方式；通过劳动权利、劳动权力与劳动法益的运行阐释劳动法的运行模式。

一　中国劳动法治模式的本体解析

（一）劳动法、劳动法律体系、劳动法治与劳动法治模式

劳动法、劳动法治与劳动法治模式，是不同维度的范畴与概念。其中"劳动法"的概念最为复杂，可以从微观、中观与宏观三个层面来认识。其不同的认识层面恰恰对应着劳动法律体系、劳动法治、劳动法治模式对劳动法的不同理解。

第二章 中国劳动法治模式的构造与机理

在微观意义上,"劳动法"是由一系列的法律、行政法规和部门规章组成的法律文本,其通过调整劳动关系、拟制劳动基准、规范集体协商、明确劳动监察和劳动保障,直接作用于现代劳动领域。可以说微观意义的劳动法是最具实践性和技术性的劳动法,也是最为具体的劳动法,是所有意义上"劳动法"的终端和最后表现形式。

在中观意义上,"劳动法"是一个始于工业革命的,有独特研究范畴和研究方法,并具有独立学科品格的法律科学,是法律部门意义上的社会法的重要组成部分。在这个意义上的劳动法是一般性的劳动法,通过对劳动法基础理论的研究,影响微观意义上"劳动法"的制定和解释。这个意义上的劳动法是最具学术性的劳动法,是劳动法律文件的理论源泉和营养供给。学界普遍认为:"劳动法始于工业革命时期",此处的"劳动法"就是这种中观意义的"劳动法",因为工业革命时期描绘了现代劳动法的学科底色,奠定了其独特的法律品格。

在宏观意义上,"劳动法"是一切劳动领域的一切规则。在这个意义上,劳动法与社会化劳动同时产生。本文开篇将对劳动法的研究追溯到"古罗马"与"秦汉"时期,正是指向宏观意义上的劳动法范畴。在宏观意义的劳动法上,"一切劳动领域"不限于微观劳动法中研究的五大研究视点,还应该包括对劳动文化和劳动样态的研究;"一切规则"不限于成文法律文件,还应该包括基于政策导向、文化传统、行业习惯等因素而产生的对劳动领域起到约束作用的一切实际规则。在这个意义上的劳动法已经处于"法"概念的边缘和顶端,但是却是最落地、最有效、最真实的"劳动法"。

其中"劳动法律体系"中的"劳动法"是指向微观意义的"劳动法"。劳动法律体系中的劳动法元素是一部部成文法律、行政法规和部门规章,不同层级的法律文件具有相同的法律精神,在内容上相互补充和配合,形成了劳动法律体系。劳动法律体系是静止的法律制度，通过中国劳动法律体系的完善可以实现中国的劳动法制的完善，却不能必然实现劳动法治。

其中"劳动法治"中的"劳动法"是指向中观意义的"劳动法"。法治作为一种治理方式，不仅需要技术性的法律制度，更需要一般性的学术支持。劳动法治则是在劳动领域推行的一种法律治理方式，需要静止的劳动法律制度做基础，还需要法律制度与实际生活在理论指导下达成互动，这种互动需要将一般性的法学理论和特殊的学科品质作用于法律的制定、适用和解释等环节得以实现。

其中"劳动法治模式"中的"劳动法"是指向宏观意义的"劳动法"。"模式"本是结构主义术语，指用来说明事物结构的主观理性形式，是结构主义对复杂的现象的说明方法，因此"劳动法治模式"就是对宏观意义上的"劳动法"现象的结构主义说明。"模式"有的是在以前经验中形成，有的是面对现象时立即形成。"劳动法治模式"亦是这样，在劳动法治的一般性理论中，通过对一般规律与一般精神的解构形成了一套"应然的劳动法治模式"，其具有结构性、整体性和规律性特征。而在对劳动实践、劳动文化、劳动样态的深刻理解后即形成一套"实然的劳动法治模式"。

（二）对中国劳动法治模式的描述

"劳动法治模式"作为一种对宏观意义"劳动法"的结构主义认识方法，存在于不同的认识角度之中。因此对中国劳动法治模式的型塑无法通过抽象的方式得出确定性概念，只能在不同的认识视角下进行描述，用类比的方法实现对其的型塑。

其一，在宏观意义的劳动法上，中国劳动法治模式可以被描述为："国家力量主导型模式"。在中国与西方世界的劳动与劳动法发展历史中可以看到两种文明中截然不同的劳动法发展轨迹。西方历史上的劳动法源于以"家父"为核心，直接控制其所属的劳动资源，国家提供制度保障的三方劳动关系样态，后发展为工会与雇主

第二章 中国劳动法治模式的构造与机理

斗争与谈判，国家参与调解的劳动秩序形态。而中国劳动法发展历史中，劳动关系是建立在国家和所有不特定的国民之间，国家居于核心地位，全面控制和掌握各种劳动要素，通过控制劳动权力来实现社会治理。时至今日，中国的劳动法治发展仍然是一个由国家推进的自上而下的发展进程。因此，不同于西方国家的"社会力量主导型"的劳动法治模式，中国的劳动法治是"国家力量主导型"的。

其二，在微观意义的劳动法上，中国劳动法治模式可以被描述为："建构主义模式"为表，"经验主义模式"为里的法治模式。我国用了四十多年的时间建立了一套包括劳动法律体系在内的、庞大的"中国特色社会主义法律体系"。万丈高楼平地起，这是一种强烈的理性主义的建构思路。这种法律的"建构主义模式"的亦体现在劳动法上。然而，"建构主义模式"的外表下，却走着"经验主义模式"实际道路。在改革开放以来，以"摸着石头过河"为标志的"试验"式的发展思路一直是我国制度建设的方法论，在劳动法治上亦是如此。两种模式各有优劣，一种迅速填补却过于粗暴，一种可行性高却周期缓慢，但是目前这种"表里不一"的现象却使得我国劳动法治模式存在严重的内在冲突。

其三，在中观意义的劳动法上，劳动法治模式可以被描述为：以"五大研究视点"延展开的生成模式和以"权力驱动—权利表达—法益均衡"为向度的运行模式。以"五大研究视点"为范畴形成了中国劳动法治模式的基本元素。如上文所释，它们在劳动法治模式中具有特定的结构关系："劳动关系"是劳动法治的逻辑核心；"劳动基准"是劳动法治的主要内容；"集体协商"是劳动法治的独有特色；"社会保险与促进就业"是劳动法治的重要补充；"劳动监察与争议处理"是劳动法治的程序保障。"权力""权利"与"法益"是劳动法治运行的三个向度。"权力"是劳动法治的驱动力，其中不仅包括上文所释的"国家力量主导"的公权力，也包括劳动关系中的"私权力"。"权利"是劳动法治的表达方式,将劳动法的研究范畴诉诸为各种法律意义上的"权利"来解释各种劳动法律现象,是法学的一般性做法。而"法益"的均衡是劳动法治运行的实质,劳动领域中错综复杂的利益关系最终将化为劳动法益,在劳动法治的运行中实现均衡。

二 中国劳动法治模式的构造解析

(一) 中国劳动法的研究视点

现代劳动法是围绕着一些特定问题而展开的,这些问题伴随着劳动法的生成与发展,成为劳动法研究中的重要视点,并逐渐成为劳动法的研究模块与体系结构。这些问题可以概括为:劳动基准问题;集体协商问题(集体劳动关系、工会制度);劳动关系问题;社会保险与促进就业问题;劳动监察与劳动争议处理问题。

"劳动基准"指劳动者在劳动关系中所得劳动条件的最低法定标准,发展至今包括:最低工资、工时制度、休息休假、劳动安全,以及一些特殊保护制度。自从人类社会出现社会化劳动开始,劳动标准就存在于各个劳动领域。如上文所释,无论古代中国还是西方古罗马社会,都有可考证的劳动标准存在。加图的《农业志》中详细记载了对不同劳动者供给的口粮、酒、副食品、衣服的数量和方法。[①] 在古代中国秦朝的《工律》《工人程》《均工律》《效律》之中,也规定了详尽的劳动标准。[②] 但是这些劳动标准不具有现代

[①] 关于口粮的配置:做农活的,冬季每人小麦四斗,夏季四斗半;庄头、管家、监工、牧羊人三斗……;关于酒的配置:葡萄一收获完让他们喝三个月的次酒,第四个月每天喝一赫明那,第五、六、七、八月,每日一舍科斯塔利乌斯……;关于衣服的配置:短袖紧身衣长三足半,粗布外套隔年换一次;关于副食品的配置:落地的橄榄果榨成油,用完后配置腌制品和醋,每人每年食盐一斗。以上参见[古罗马] M. P. 加图《农业志》,马香雪、王阁森译,商务印书馆1986年版,第35—38页。

[②] 详见本文第一章,第一节。

劳动法的基本特质，只是当权者权力的行使，是基于劳动效率的需要强加于劳动人民身上的单向度的劳动义务。真正使劳动标准上升为"劳动基准"是在工人阶级觉醒后，在不断的工人运动之中斗争和谈判而得来的劳动者权利。因为劳动标准是劳资双方最为关注的问题，也是劳资矛盾最为集中的表现形式，工人运动大多以劳动标准为核心内容进行，其结果是经过斗争与谈判，使一些劳动标准在全球化的进程中成为了世界共识，进而成为各国劳动基准法或以联合国决议的形式确定下来。相比古代社会的"劳动标准"，近代社会"劳动基准"的确立是包括政府、劳动者、用人单位在内的全社会参与的结果，兼具意思功能与倾斜保护功能，具有现代意义劳动法的基本特质。可以说，劳动基准法是现代意义劳动法的开端和第一视点。

"集体协商"是现代劳动法特有的对话窗口和解纷路径。工业革命以来，大规模的社会化生产使得劳资冲突也大规模地频繁爆发。但是，劳动者与用人单位虽然存在利益的对立性，也存在利益的一致性，存在着互相妥协的空间。在劳资双方不断的斗争中，"集体协商"机制的出现节约了大量社会成本，缓解了无谓的社会内耗。以集体协商的发源地英国为例，在劳资冲突出现后国家先是通过立法打击工人运动和工会组织，在1799年颁布《反结社法》将工会组织定义为非法，又出台《保障治安法案》《捣毁机器惩治法》来惩治工人暴动。但是，这些法令的颁行却事与愿违，工人阶级的壮大犹如时代的洪流，无法通过任何强制力来围堵。最终英国政府不得不正视工会的作用，在1825年废除《反结社法》，通过了《工会法》《雇主与工人法》等保护工人权益的法案，政府角色逐步转向劳资关系中的协调者。在经历百年的摸索，英国在1896年颁行了《调解法》，明确了由政府、工会与用人单位三方参与的集体协商机制。这种三方参与集体协商的英国模式最终通过国际劳工组织在世界范围内得到推广和共识。可见，集体协商的前提是法律承认"工会"或相应劳动者团体的身份与作用—然后在国家、用人单位与工会组织三方的参与下对于相关劳动问题达成合意—最终形成集体劳动关系。因此"集体协商"连接着"工会制度"与"集体劳动关系",三者有机地结合,一并成为劳动法的又一重要视点。

"劳动关系"在某种意义上是劳动法成熟后的一个重要技术性问题,是关乎劳动法适用的核心问题。此处的"劳动关系"属于劳动法术语,指劳动者与用人单位依法签订劳动合同而在劳动者与用人单位之间产生的法律关系。在我国的劳动立法中,"劳动关系"拥有一套法定的判断标准,以此判断事实上的"劳动者"与用人单位是否成立法定的"劳动关系"以及事实上的"劳动者"是否属于法律意义上的劳动者。这个判断结果直接决定着所有劳动法律规则是否能适用事实上的"劳动者"。有学者将我国劳动关系与劳动法的模式称为"单一调整模式"①。在这种劳动关系与劳动法的模式作用下,以劳动关系是否成立来决定劳动法"全部适用"或"全不适用"的二元结果,可见"劳动关系"是现代劳动法研究与劳动法律技术的核心视点。在另一种意义上,"劳动关系"也是一个伦理性问题,这种伦理色彩在中国文化历史中尤为明显。在清朝时期就形成了"雇工"与"雇工人"两个完全不同的法律概念,基于不同的伦理关系形成不同的身份关系,基于不同的身份关系享有不同的法律地位与法律适用。② 因此,在中国的劳动法研究中,倘若以"劳动关系"为视点展开,那么需要格外注意兼顾其技术性价值与伦理性意义。

"社会保险与促进就业"基于不同的学科视角与效果考量,成为劳动法治不可或缺的一部分。其中"社会保险"既是社会保障法

---

① 参见谢增毅《我国劳动关系法律调整模式的转变》,《中国社会科学》2017年第2期。
② 详见本文第一章,第三节。

研究的主要问题，也是劳动法研究无法回避的关键问题，也是劳动治理的必需手段之一。德国最先在劳动立法领域确立了强制性社会保险制度，俾斯麦政府时期的《劳工疾病保险法》《工人灾害赔偿保险法》《养老、残疾、死亡保险法》等法律是世界上最早的劳动保险法律法规。在后来的 1911 年德国在较为成熟的保险制度的基础上形成了社会保险法典，同年又增加了失业保险法，逐步建立了完备的社会保险体系。这种通过社会保险来分担劳动者风险的做法也逐渐被英国和美国效仿，并经 ILO 推广到全世界。在 1927 年就通过了第 24 号公约《工商业工人及家庭佣工的疾病保险公约》和第 25 号公约《农业工人疾病保险公约》，分别在工商业和农业中推行强制疾病保险，最终在 1952 年的第 102 号公约《社会保险最低标准公约》中规定了适用各国的一般社会保障水平，至此，"劳动保险"就与劳动法密不可分。而"促进就业"是从经济学视角，试图通过充分就业来拉动内需维持社会稳定和避免通货膨胀的美国劳动法治特色思路，在 1946 年美国率先通过了《就业法》，1967 年制定了《消除就业中的年龄歧视法》，1971 年的《紧急就业法案》和 1973 年整合的《综合就业与培训法》，美国通过这些立法使国内劳动者实现了更充分的就业，以此拉动庞大的国内市场，实现经济的稳定增长。最终，ILO 在 1964 年制定了第 122 号公约《就业政策公约》和第 122 号建议书《就业政策建议书》。劳动法亦被赋予新的意义，也增添了新的元素。"劳动保险与促进就业"成为了劳动法的重要补充和研究视点。

"劳动监察与劳动争议处理问题"是劳动法中的权利与义务得以实现的保障和依据。可以认为，劳动监察与劳动争议处理法律制度是劳动法中的"程序法"，具有强烈的公法属性。劳动法中的权义关系不同于私法中的权义关系，其权利与义务状态并不完全对等，也不完全依照意思自治而为之。因此，公权力的介入是必然与必须的，正如国际劳动局前局长勃朗夏所言："没有监察，劳动立法只是一种道德运用,而不是有约束力的社会纪律。"[①] 同理,如果没有争议处理制度,劳动立法所拟制的权利义务关系或劳动法益将无法落地,法律目的的实现也无从谈起。公权力的积极介入,是劳动法乃至社会法的本质性要求。

以上五个问题是劳动法研究的五个基本视点,劳动法的生成是围绕着这五个问题而展开的,这五个问题也形成了中国劳动法治模式的基本元素。它们在劳动法治模式中具有如下的结构关系:

"劳动关系"是劳动法治的逻辑核心,劳动法治的轨迹由劳动关系而延展;"劳动基准"是劳动法治的主要内容,劳动法治的底色由劳动基准而描绘;"集体协商"是劳动法治的独有特色,劳动法治的精神由集体协商而传递;"社会保险与促进就业"是劳动法治的重要补充,劳动法治的闭环由其填补;"劳动监察与争议处理"是劳动法治的程序保障,劳动法治最终由其实现。

(二) 中国劳动法的立法体例

所谓劳动法的立法体例,是指劳动法通过何种形式确定为法律规范,又通过何种形式表现出来。在我国,劳动法并没有一部综合性的法典,劳动法的法律精神,以及上述"五大研究视点"或基本元素散见于不同层级的法律之中。其中既有全国人大通过的国家法律,也充斥着各种行政法规和部门规章,甚至不同地区都可能存在不同的地方性法规。具体详见表2–1。在该表中,以五大研究视点为基本范畴,用"视点—内容—层级—法律文件(条文)"的类型化方式,将中国劳动法的立法体例做出梳理。[②]

[①] [德]沃尔夫根·冯·李希霍芬:《劳动监察:监察职业指南》,劳动和社会保障部国际劳工与信息研究所译,中国劳动社会保障出版社2004年版,第1页。
[②] 其中"劳动关系"视点作为劳动法治的逻辑核心,其渊源与范畴几乎抽象地寓于所有劳动法律文件之中,此处未列出。

第二章 中国劳动法治模式的构造与机理

表 2-1[①]

研究视点	内容	效力层级	法律文件（条文）
劳动基准	劳动基准的一般性内容	法律	《中华人民共和国劳动法》（2009）第36条—第65条；《中华人民共和国劳动合同法》（2012）第19、20、31、32、46、47、61、62、72条
	工资	部门规章	《关于工资总额组成的规定》；《工资支付暂行规定》；《最低工资规定》
	工时休息休假	行政法规	《国务院关于职工探亲待遇的规定》；《国务院关于职工工作时间的规定》；《职工带薪年休假条例》；《全国年节及纪念日放假办法》
		部门规章	《企业职工患病或非因公负伤医疗期规定》；《关于企业实行不定时工作制和综合计算工时工作制的审批办法》
	特殊群体保护	行政法规	《禁止使用童工规定》；《女职工劳动保护特别规定》
		部门规章	《未成年工特殊保护规定》
	劳动安全卫生	法律	《标准化法》（1989年）；《矿山安全法》（1993年）；《职业病防治法》（2011年）；《安全生产法》（2014年）
		行政法规	《标准化法实施条例》；《使用有毒物品作业场所劳动保护条例》
		部门规章	《矿山安全法实施条例》；《特种作业人员安全技术培训考核管理规定》

[①] 其中"劳动基准"部分参见刘汉伟、刘金祥《我国劳动基准立法体例探究》，《华东理工大学学报》（社会科学版）2017年第1期。

续表

研究视点	内容	效力层级	法律文件（条文）
集体协商	协商机制	法律	《中华人民共和国劳动法》(2009) 第8条；《中华人民共和国劳动合同法》(2012) 第5条、第6条；《中华人民共和国工会法》(2001) 第6条；
		部门规章	《集体合同规定》《工资集体协商试行办法》
	集体劳动关系	法律	《中华人民共和国劳动法》(2009) 第33条、第34条、第35条；《中华人民共和国劳动合同法》(2012) 第51—56条
		部门规章	《集体合同规定》《工资集体协商试行办法》
	工会制度	法律	《中华人民共和国劳动法》(2009) 第7条；《中华人民共和国劳动合同法》(2012) 第78条；《中华人民共和国工会法》(2001)；
		司法解释	《最高人民法院关于在民事审判工作中适用〈中华人民共和国工会法〉若干问题的解释》
社会保险与促进就业	社会保险	法律	《中华人民共和国劳动法》(2009) 第70—76条；《中华人民共和国劳动合同法》(2012) 第49条；《中华人民共和国社会保险法》(2011)；
		司法解释	《最高人民法院关于审理工伤保险行政案件若干问题的规定》《最高人民法院关于审理劳动争议案件适用法律若干问题的解释（二）》《最高人民法院关于审理劳动争议案件适用法律若干问题的解释（三）》
		行政法规	《工伤保险条例》《失业保险条例》

续表

研究视点	内容	效力层级	法律文件（条文）
社会保险与促进就业	社会保险	部门规章	《实施〈中华人民共和国社会保险法〉若干规定》 《人力资源社会保障部关于执行〈工伤保险条例〉若干问题的意见》 《工伤认定办法》
	促进就业	法律	《中华人民共和国劳动法》（2009）第10—15条、第66—69条； 《中华人民共和国劳动合同法》（2012）第57—72条； 《中华人民共和国就业促进法》（2015）
		部门规章	《就业服务与就业管理规定》
劳动监察与争议处理	劳动监察	法律	《中华人民共和国劳动法》（2009）第85—88条； 《中华人民共和国劳动合同法》（2012）第73—79条
		行政法规	《劳动保障监察条例》
	争议处理	法律	《中华人民共和国劳动法》（2009）第77—84条； 《中华人民共和国劳动合同法》（2012）第56条； 《中华人民共和国劳动争议调解仲裁法》（2007）
		部门规章	《劳动人事争议仲裁办案规则》
		司法解释	《最高人民法院关于审理劳动争议案件适用法律若干问题的解释（一）》 《最高人民法院关于审理劳动争议案件适用法律若干问题的解释（二）》 《最高人民法院关于审理劳动争议案件适用法律若干问题的解释（三）》 《最高人民法院关于审理劳动争议案件适用法律若干问题的解释（四）》 《最高人民法院关于人民法院对经劳动争议仲裁裁决的纠纷准予撤诉或驳回起诉后劳动争议仲裁裁决从何时起生效的解释》

由上述表格可见，我国劳动法律的生成围绕着劳动法研究的五大视点。其中"劳动关系视点"是劳动法中较为抽象的一般性逻辑，寓于所有劳动法律文件之中，是劳动法适用的前提。其他四个研究视点可以作为劳动法律的基本范畴，构建出劳动法律的结构形态和生成模式。在法律层级上，由国家法律、行政法规、部门规章与司法解释共同勾勒而出，其中《中华人民共和国劳动法》与《中华人民共和国劳动合同法》最为一般地体现了劳动法的几乎所有研究视点，而其他法律文件则是针对某个研究视点或具体问题而产生的，可以说是对前两部法律，尤其是《中华人民共和国劳动法》的回应、修补和延伸，此乃中国劳动法立法体例的最大特征。

三　中国劳动法治模式的运行机理解析

劳动法治的运行不是劳动法的运行，也不是劳动法律制度的运行。劳动法的运行是劳动法本体的运动过程，包括立法、执法、司法、守法和法律监督等一系列过程；劳动法律制度的运行是具体法律制度的实施过程，包括具体制度的执行、法律的适用和法律的遵守等一系列过程；而劳动法治的运行是通过法律制度和法律精神实现劳动领域的社会治理的过程。换言之，劳动法的实现、劳动法制的实现与劳动法治的实现，是三个不同程度的概念，也是不同维度的概念。通过什么样的路径，何以实现劳动法治，是劳动法治运行的核心问题。本文认为，劳动法治实现可以从三个方面进行考量：劳动权力的配置、劳动权利（自由）的实现、劳动利益（法益）的保护。因此劳动权力、劳动权利与劳动法益是劳动法治运行的三个考察向度，也是三种模式。

（一）劳动权力：劳动公权力与劳动私权力

"权力"本质上是一个社会学术语，"权力"可以表现为基于特

第二章　中国劳动法治模式的构造与机理

定的主体地位，而产生的对他人的支配力或影响力。用权力向度来解释劳动与劳动法，会发现其中有多组权力关系，有国家对整体劳动资源的控制和影响；国家对企业和劳动者的控制和影响；企业对劳动力资源和劳动者的支配或控制；劳动者组织（工会）对企业的影响等。以不同的"权力人"①的类型为依据可以将劳动法中的权力分为"劳动公权力"和"劳动私权力"。劳动公权力来源于国家行政力量，而劳动私权力则是在劳动关系和制度框架的实践中用人单位或工会组织对特定对象行使的权力。

1. 劳动公权力

劳动公权力是劳动法中主要的权力类型。其中劳动监察权就是较为典型的公权力范畴，此外劳动法中亦充斥着大量强制性规制和规范，这也体现着公权力对劳动领域的强势介入，劳动法也因此具有了一定的公法属性。在劳动法治的话语背景下，这种公权力的介入是必要的。为了实现劳动法倾斜保护劳动者的法律特质，私法所追求的意思自治，不能成为劳动法追求的核心，仅凭借建立在意思自治之上的"权利关系"也难以达致倾斜保护的法律目的，因此用纯粹的公法思维和私法逻辑都不能完整描述和定义劳动法的法律属性。由本文第一章结论可知，在我国劳动与劳动法文化中，国家力量与国家权力一直居于主导性地位。时至今日，这种主导地位仍然体现在中国法治建设的方方面面，改革开放后中国法治建设取得的巨大成就也是建立在国家力量与国家权力的主导之下的。有的学者将这种法治模式称为"国家'构建主义'法治"②。但是，在劳动法治建设中，这种国家构建主义模式既是法治建设的动力之源，也可能成为劳动法治的掣肘，可以体现在以下三个方面：

---

① 这里的"权力人"概念是参考"权利人"概念而提出的，指权力关系中权力的使用人或享有权力的人。
② 参见马长山《国家"构建主义"法治的误区与出路》，《法律评论》2016 年第 4 期。

第一，在国家"构建主义"的法治模式下，法律多为国家规划的产物，可能与社会实际需求脱节。如上文所言，我国的劳动法研究和劳动立法主要围绕着五大研究视点而展开，而对劳动现象关注甚少。无论《劳动法》还是《劳动合同法》都是规划之下的产物，都与真实的社会需求有所不符，在社会舆论中被评论为过于"超前"。在劳动法研究中习惯用既有的研究视域观察、解释和规范劳动领域的实际问题，注重严密的逻辑、先进的技术和应然的伦理，却忽视实际的需求。这种立法和研究导向的结果是，在实际生活中法律规制之外的潜规则盛行，劳动法仅在国有企业、上市公司和外资企业之中得以完整运行，广大中小企业主要依靠不同行业间的潜规则行事。劳动法与劳动实际之间的藩篱因此形成。

第二，在国家"构建主义"的法治模式下，法律追求普遍化与整体化目标，忽视多元的社会样态。权力的运行需要一以贯之的模式和标准，在权力作用下的劳动法也有整齐划一的法律设计。劳动法运行的逻辑核心"劳动关系理论"就是这样一种设计，用一套普遍化的逻辑标准来判断劳动法的适用与否。这样的法律设计保证了法律适用的平等与稳定，但是却忽视了劳动样态的多元变化。在用人单位平台化，劳动者自营化的今天，越来越多的劳动关系已经逐渐丧失了原有的"从属性"特征，甚至出现了大量劳动者自备生产资料，平台单位发布自由任务的劳动样态。普遍化与整体化的法律目标愈发不能适用新的多元劳动样态。另外，我国地域经济差距明显，并且行业间的差别更具特殊性，普遍性的制度设计，如唯一标准的劳动基准制度难以适应劳动世界中行业与地域的巨大差距。

第三，在国家"构建主义"的法治模式下，法条容易呈现单边主义倾向。一方面出现了以法条为核心的、形式化的法治倾向，而另一方面则又出现了以国家意志化的法条规则对抗其他行为规范和文化现象的法治倾向。虽然现代法治的内涵是崇尚法律，但并不能认为法律是万能的。西方学者在经历了对法律万能情节的反思与批判后，有学者认为，法律只能在文化和习俗力量无法规范的"无用的区域"和已经得到文化和习俗力量合理保护的"多余的区域"之间的领域规范人类行为。① 对我国而言，"法律万能"寓于法律的"阶级统治工具"的观念之中。这就出现了两种法律现象，一方面"以法条为核心的、形式化的、从上而下的人为设计努力，用以规划底层生活、雕塑人们行为和'构建'社会秩序"②；另一方面则又出现了"以国家意志化的法条规则，来或隐或显地抑制或排斥道德、宗教、习惯等非正式规范，形成明显的法条单边主义倾向"③。这种倾向割裂了法律与非法律规范之间的关系，也使法律的包容性与互动性减弱，容易产生法律落实的阻力，反而消解了法律的权威性。在我国劳动法的建构中，一些中国传统的劳动法文化、智慧与习俗没有得到充分的尊重和考量，在劳动法律体系建构的认识和实践上，更多地"表现出一种强烈的理性主义的建构思路，意图在短短的几十年间通过持续不断的立法努力，实现形成中国特色（劳动）法律体系的目标"④。虽然这种公权力主导的法治建构模式有高效、有序的积极一面，但是它仍然应该被反复审视与反思，诚如西方学者所言："法律制定者如果对那些促进非正式合作的社会条件缺乏眼力，他们就可能造就一个法律更多但秩序更少的世界。"⑤

2. 劳动私权力

在劳动与劳动法中的世界，"私权力"则更为普遍。"私权力"与"私权利"有很多相似之处，因为"权利"一词的滥用，

---

① 参见［美］安德鲁·奥尔特曼《批判法学——一个自由主义的批评》，信春鹰等译，中国政法大学出版社2009年版，第250页。
② 马长山：《国家"构建主义"法治的误区与出路》，《法律评论》2016年第4期。
③ 马长山：《国家"构建主义"法治的误区与出路》，《法律评论》2016年第4期。
④ 张志铭：《转型中国的法律体系建构》，《中国法学》2009年第2期。
⑤ ［美］罗伯特·C. 埃里克森：《无需法律的秩序——邻人如何解决纠纷》，苏力译，中国政法大学出版社2003年版，第354页。

一些"私权力"现象甚至也可以被泛指为"权利"现象,但是二者是对现象截然不同的两种认识路径和阐释方法。权利在本质上是一种自由,一种"类型化的自由"①,即人可为之事。理想状态下,一个人在不影响他人自由的前提下拥有完全的自由,换言之,一个人的权利范围及于他们的权利边界。因此,在理论上"权利"是应然的,是无法剥夺的,是内化的每个人当然享有的一种自由。而"私权力"则是基于特定的身份对他人施加的一种支配或影响,"权力"是实然的,是基于特定身份或地位产生和消失的,是外化为干预他人的一种力量。那么为何一些看似能称为"支配力"或"影响力"的现象却被称为"权利"呢?以民法中的请求权为例,其外部表现为对他们的一种影响,如某甲请求某乙归还属于某甲的物品 A,虽然看似某甲对某乙施加了某种影响力,但是其实施请求权的行为是在权利框架之中的,这种请求权是某甲财产权的一种积极状态,而某甲的财产权则属于现代社会每个自然人都具有的基本权利和自由,这种享有权利的能力和资格从出生到死亡甲都当然享有。而一些建立在人身关系中而享有的支配或影响,如监护权、配偶权则既是一种权利也是一种"私权力",再如用人单位或部门领导对劳动者的支配或影响,或者工会组织对用人单位的支配或影响亦是在权力框架下所完成的,可以称之为劳动法上的"私权力"。

在传统的社会化劳动中,用人单位对劳动者享有的"私权力"是某种必然,正如从属性是判断劳动关系的重要标志一样,用人单位的劳动私权力符合社会化劳动的基本逻辑,也是描述劳动法治运行的一种路径。同理,工会享有的权力相对于国家权力而言,仍然是一种私权力。这种私权力的出现是劳资双方博弈的结果,是对用人单位权力的一种制衡。

---

① 王利明:《民法》,中国人民大学出版社 2015 年版,第 82 页。

第二章　中国劳动法治模式的构造与机理

（二）劳动权利：生成、内涵、机能

1. 劳动权利的生成

"权利"是现代法治的核心特征，也是认识路径，更是发展方向。"我们的时代是权利的时代"①，在这个时代，"让更多人获得享有更多的权利，已经成为人类的共同理想。这个理想本身，既表示一种关于权利价值的预设，也隐含着一种关于权利发展的信念。"②在现代意义的劳动法研究中，"权利"已经成为无法回避的研究视角和描述方式。一般认为，劳动权利，即劳动权，兼具生存权与发展权两种属性，属于人权范畴。"在人类历史上，劳动并非自古就与权利结合在一起。劳动上升为权利是人类历史发展和进步的结果。"③冯彦君教授认为，劳动作为一种权利而存在，需要满足以下几个条件：

第一，"社会生产力的发展是劳动成为权利的经济背景。"如果社会生产力极端低下，劳动将是人们必须从事的行为而非有选择的活动，此时劳动就谈不上权利。

第二，"日益强化和普遍化的权利意识是劳动成为权利的政治背景。"没有一种逐渐发展和高涨的权利意识，就不会产生普遍而强烈的权利需求。没有一种普遍而强烈的权利需求，就不可能促使权利从自然法和道德层面上的应然状态转化为法定状态。

第三，"自由主义精神的重大转变是劳动成为权利的人文背景。"从19世纪中叶起，自由主义开始将侧重点从强调个体独立的消极的自由，转而争取个人自我实现与价值实现的积极的自由。源于自由主义精神的新导向，劳动作为权利而逐渐得到各个国家的

---

① ［美］L. 亨金：《权利的时代》，知识出版社1997年版，第1页。
② 夏勇主编：《走向权利的时代：中国公民权利发展研究》，社会科学文献出版社2007年版，第1页。
③ 冯彦君：《劳动权论略》，《社会科学战线》2003年第1期。

承认。

秦国荣教授认为,劳动权的产生也需要具备四个前提性条件①:

第一,劳动的提供者需要具备法律意义上的人格,其劳动在法律上能够被承认属于人的行为或活动。在奴隶制度的社会,作为劳动者的奴隶并不是法律意义上的"人",没有法律人格,而是属于奴隶主所有的"财产",奴隶的劳动在法律上被视为物的效能发挥,不可能产生劳动权利概念。

第二,更进一步地,劳动的提供者在法律上应具有市场交易者的平权民事主体身份,需要摆脱人身依附的从属身份地位。在封建社会虽然在立法上确认了农民作为"人"的主体资格地位以及由此享有的相应权利。但是,由于封建时代的立法并没有通过宣示性的立法明确承认农民的劳动权利,双方之间的关系并不是一种平权性的劳资法律关系,而是以土地为纽带所形成的劳动义务关系,劳动权利概念仍然无法确立。

第三,劳动的提供者依法有权出让自己的劳动力使用权并以此获取报酬,劳动的消费与给付在法律上被确认为属于当事人的自由权利与合法交易行为。在早期资本主义立法将公民劳动在法律上设定为法定义务而不是权利,因而劳动权无从产生。

第四,劳动和劳动权只有在特定的社会经济历史条件下才有可能成为正当权利。正如马克思所指:"权利永远不能超出社会的经济结构以及由经济结构所制约的社会的文化发展。"② 在世界工人运动和马克思主义的影响下,劳动才作为一项权利得以生成。

2. 劳动权利的内涵

在劳动权利的外延上,我们可以清晰地列举出劳动权利的内容结构,劳动权利是由工作权(就业权)、获得报酬权、休息权、职

---

① 参见秦国荣《劳动权的权利属性及其内涵》,《环球法律评论》2010年第1期。
② 《马克思恩格斯全集》(第19卷),人民出版社1963年版,第22页。

业安全权、职业教育权、团结权、民主参与权、社会保险权这八个具体权利内容组成的"权利群"。而劳动权利的内涵却难以清晰地明示，本文参考冯彦君教授观点，从"理念与性质"① 两个角度分析劳动权利的内涵。

劳动权应兼具"生存"与"发展"两种理念，应在维系生存的同时谋求发展。"劳动权不仅是公民获得财产的最基本途径，而且是公民实现自我价值和自我完善的基本方式。"② 劳动者的生存利益与发展利益都需要通过劳动来实现，在劳动法治的语境下，更需由劳动权利来表征和确证。劳动权利集群中的工作权、获得报酬权、职业安全权和社会保险权都以保障劳动者的生存为基本理念。在生存之虞已经愈发遥远的现代社会，"发展"成为了时代的主题，"发展权"亦成为了劳动权利内涵中的重要理念。在劳动权利集群中，休息权、职业教育权、团结权、民主参与权，则都是以促进劳动者发展为理念而设计的。

劳动权在性质上具有"社会权"与"自由权"两种属性，社会权与自由权是认识具体权利之属性的两种思维方法或维度。如上文所言，权利在本质上是一种"类型化的自由"，"自由权"是一种在国民自由的范围内要求国家的不作为的权利，其基本功能是排除自律性领域来自公共的干涉，确保主体能动性与创造性的充分展示与发挥。而"社会权"是在社会上对经济弱者进行保护与帮助时要求国家的作为的权利，是一种与福利国家或积极国家的国家观相对应的基本人权，其作用在于消除伴随市场经济的发展而产生的贫困和失业等社会弊病。③ 可见，自由权是一种源于自然法的消极权利，而社会权则为在社会发展中形成的积极权利，但两者存在着有机的联系：一方面社会权是自由权的一种补充和保障，另一方面社会权

---

① 参见冯彦君《劳动权的多重意蕴》，《当代法学》2004 年第 2 期。
② 谢鹏程：《公民的基本权利》，中国社会科学出版社 1997 年版，第 94 页。
③ 参见 [日] 大须贺明《生存权论》，林浩译，法律出版社 2001 年版，第 16 页。

又以自由权为基础，而劳动权正是一种兼容社会权属性与自由权属性的权利类型。劳动权是劳动者基于劳动力的自由使用所产生的权利，属于当然的自由权范畴。但是，同时劳动力的使用不但关系着劳动者的生存也关系着社会整体的发展，国家对劳动问题的关注是必然和必须的，且劳动力的使用常与资本相结合发挥其价值，在这种结合中会出现相对弱势的劳动者人身及财产利益受损的情形。在劳动者与用人单位的强弱对比下，这种利益受损无法仅凭借劳动者的自由权进行有效维护，因此，劳动权的社会权性质成为了劳动权的重要内涵。

3. 劳动权的机能

劳动权在劳动法治的运行中具有两个向度的机能：倾斜保护与平衡协调。倾斜保护是劳动法坚持的法律品格，也是劳动权的精髓。在传统的劳动法理论与劳动法律设计中，倾斜保护一直是劳动法的宗旨与目的。但是，在新的经济格局与劳动样态下，劳资关系的强弱对于已经逐渐平衡，传统的阶级矛盾也逐渐淡化。在这种背景下，一味强调倾斜保护这一机能是值得检视的。毕竟"只是因为劳动者在劳动关系中常常处于不利的弱者地位，劳动法才对其进行重点保护，重点保护的目的是追求劳资双方地位平等和利益平衡，决不是以牺牲资本的利益单方面追求劳动者的利益。否则劳动法的调整就会矫枉过正，重点保护也失去了平等、公平的正义基础"[①]。基于此，劳动权的机能不仅在于倾斜性保护，同时也在于对利益共同体的各方利益进行平衡协调。倾斜保护只是手段，平衡协调才是目的。

（三）劳动法益：范畴、结构、机能

马克思曾言："人们奋斗所争取的一切，都同他们的利益

---

① 冯彦君：《解释与适用——对我国劳动法第31条规定之检讨》，《吉林大学社会科学学报》1999年第2期。

第二章 中国劳动法治模式的构造与机理

有关"①。"利益"驱动着法律的制定和实施，也衡量着法律的有效性和正当性，换言之"利益"是法律产生的原因，也是法律的归宿。因此早在19世纪，德国刑法学者比恩鲍姆（Birnbaum）就提出用"利益（gut）"②代替传统理论中的"权利（recht）"，虽然未对此"利益"做出进一步界定，但这被法学界视为"法益"概念的首次提出。③ 此后"法益"概念在德国刑法学研究中得到不断丰富，形成了与"权利侵害说"相对应的"法益保护论"，其研究点从"主观权利"扩展到了"主观权利的对象"。而后"法益理论"又经黑格尔（Hegel）、宾丁（Binding）、耶林（Jehring）、李斯特（Liszt）、罗克辛（Roxin）等理论大师的注解和阐释④，可以说"法益"与"权利"是我们今天观察、描述、评价和解释法律的两种视角，"法益分析法"与"权利分析法"一并成为了两种独特的法学研究方法。而法益分析法在劳动法的研究中显得尤为重要，因为劳动法研究具有强烈的实证性与实用性色彩，势必需要直面各方、各种复杂利益与利益关系，劳动法的每一次调适都势必产生利益分配的变化与冲突，这是劳动法动态发展的驱动力，也使劳动法成为各方利益主体的角力场。⑤ 通过劳动法益所提供的劳动法研究视角和方法，可以在纷繁的利益关系中确定和保护法益，在错综的劳动现

---

① 中央编译局编译：《马克思恩格斯全集》（第1卷），人民出版社2002年版，第82页。

② 张明楷在《法益初论》一书中将德语"gut"译为"财"，将比恩鲍姆的法益雏形称为"法的财"；苏青在《法益理论的发展流源及其启示》一文中将"gut"译为"益"，本文将此处的"gut"直译译为"利益"。

③ 参见苏青《法益理论的发展流源及其启示》，《法律科学》2011年第3期。

④ 受黑格尔的国家主义法哲学的影响，宾丁认为：国家可以根据其意志，将其认为值得保护的情形宣布为法益；受耶林的新功利主义法学影响，李斯特认为：法益是法所保护的社会生活利益；当代德国学者罗克辛认为：所有的事实或目的都应理解为法益，法益包含已经被法律发现的情形或状态，以及为法律所设定的遵循规范的义务。同时他也认为法益不可能有一个统一的概念。

⑤ 参见冯彦君《理想与现实之间的〈劳动合同法〉——总体评价与创新点解析》，《当代法学》2008年第6期。

象中解释和制定法律，从而实现社会利益之平衡、劳动法治之和谐。

1. 从"劳动法中的利益"到"劳动法益"

首先厘清本文所指的"劳动法中的利益"与"劳动法益"两个概念。

对"利益"的认识有主观说、客观说、折中说三种观点。主观说认为利益是一种意识，"是人们满足一定客观产生的需要集中的持续较长的目的……它们通常表现在经常不断地、非常有力地、坚定而又往往充满激情地追求满足这些需要的人的活动上，人们以此使利益发挥作用和得到实现。"① 客观说则认为利益产生意识，但利益本身是意识之外的存在，"利益是……现实中能帮助他人作为一定社会成员而生存、发展的对象和现象的客观关系表现。"② 折中说则认为，利益是主观意识和客观现象的统一，"利益是社会主体，在一定的社会关系中，为满足自己的各种需要，通过精心的筹划和积极的追求，而能动地对待自己之外的各种对象或资源，进行改造和创造，并且占有和享用它们，来现实地满足自己的需要，这样一种积极主动的关系。"③ 本文所指"劳动法中的利益"大体采折中说的利益观，具体包括两个方面：一是指基于劳动法的实施，使不同社会主体直接产生的、积极追求的或极力规避的客观结果；二是基于劳动法的实施而直接或间接产生的在公共秩序、道德观念、社会关系中的效果和变化。

"劳动法中的利益"是极为庞杂的，我们可以用类型化的方式进行阐释。从利益主体的微观视角可以分为：劳动者利益、用人单位利益、国家利益；从利益主体的宏观视角可以分为：个体利益

---

① [捷]奥塔·锡克：《经济—利益—政治》，王福民、王成稼、沙吉才译，中国社会科学出版社1984年版，第263页。
② 孙国华主编：《法理学教程》，中国人民大学出版社1994年版，第85页。
③ 张国均：《邓小平的利益观》，北京出版社1998年版，第2页。

第二章 中国劳动法治模式的构造与机理

(作为个体劳动者与用人单位)、集体利益(特定的劳动者集体和行业类别)、社会利益;从利益的内容观察可以分为:财产利益、人身利益、精神利益(秩序与道德)。上述利益分析的类型化方式可以作为劳动法益结构的研究范式,但是上述利益不能全盘作为劳动法益的范畴,劳动法中的利益的外延要大于并包含劳动法益的外延,可以说劳动法中的利益是劳动法益的素材和基础,劳动法益是对劳动法中的利益之法律化加工的结果,即成为劳动法保护之利益。那么如何从劳动法中的利益上升为劳动法益,本文认为,至少须同时满足三个条件。

第一,须符合劳动法之价值。劳动法作为第三法域中的社会法,其功能与价值不同于私法对意思自治的追求,也不同于公法对秩序价值的尊崇,而在于对社会实质正义以及社会和谐、持续、文明发展之促进,倾斜保护弱者、维护社会安全、增进民生福祉是达至此目的的重要路径。[①] 同时这也是劳动法应坚守的核心价值和法律品格,更是劳动法益的独立特征。以《中华人民共和国劳动合同法》(以下简称《劳动合同法》)第82条[②]为例,用人单位在规定期间内未与劳动者签订书面劳动合同或无固定期限劳动合同将面临向劳动者给付双倍工资的法律后果。这种双倍工资的制度设计无法用民法理论进行解释,且此条款在理论与实践中均遭遇很大争议,用人单位未签订劳动合同"更多是违反管理性规范,却要直接承担二倍工资的责任,对于责任轻重安排缺乏妥当性"[③]。但是作为一种激励机制,用人单位会极力规避不利后果而履行劳动法义务,若用人单位未尽劳动法义务,则使劳动者受益的制度安排是符合劳动法的价

---

① 参见冯彦君《中国特色社会主义社会法学理论研究》,《当代法学》2013年第3期。
② 《中华人民共和国劳动合同法》第82条规定:用人单位自用工之日起超过一个月不满一年未与劳动者订立书面劳动合同的,应当向劳动者每月支付二倍的工资。用人单位违反本法规定不与劳动者订立无固定期限劳动合同的,自应当订立无固定期限劳动合同之日起向劳动者每月支付二倍的工资。
③ 林嘉:《审慎对待〈劳动合同法〉的是与非》,《探索与争鸣》2016年第8期。

值与使命的。此时的"双倍工资"是劳动法中的利益表现形式，也是劳动法益的一种表现形式。那么，如果当劳动者积极追求、极力促成双倍工资所带来的双倍利益时，这种利益还是劳动法益吗？比如拒绝签订或借助医疗期、差旅期等特殊事由躲避劳动合同的签订，此种劳动法中的利益就不属于劳动法益，因为其背离了劳动法的价值和初衷，劳动法并不是为了保护而保护，为了处罚而处罚，每一个倾斜性条款背后都应有其法益之基础。故随后出台的《中华人民共和国劳动合同法实施条例》第5条[①]从制度设计上修复了这一可能与劳动法益冲突的立法瑕疵。由此也洞见，劳动法益分析是解释与制定法律的重要方法。

第二，须具有劳动法上的可侵害性与可保护性。此条件暗含着两个层次的内容，一是劳动法益需要具有实在性与可规制性；二是劳动法益需要与法律体系相融合，与其他部门法所保护的利益相分工。有一些劳动法上的精神利益极为重要，但是却并不具有法律上的可侵害性与可保护性，比如"和谐劳动"是劳动法追求的价值目标和理想状态，其包含着公共空间之中巨大的道德利益，然而这种道德利益可能被侵害但是却无法被保护，我们不得不承认存在大量并不"和谐"却也不违反劳动法律的劳动现象。这类利益就无法上升为劳动法益，只能转化为个案中具体的利益表现出来，从而受到法律保护。再比如一些人格利益，有些劳动者的人格利益虽然具有法律上的可侵害性与可保护性，但是并不一定是劳动法意义上的。此处应该具体区分哪些应是民法所保护的公民之一般人格权利和人格利益，哪些应该是属于劳动法所保护的劳动者在特定劳动关系中产生或受侵犯的人格利益，对其加以区分并通过劳动立法的形式加

[①] 《中华人民共和国劳动合同法实施条例》第5条规定：自用工之日起一个月内，经用人单位书面通知后，劳动者不与用人单位订立书面劳动合同的，用人单位应当书面通知劳动者终止劳动关系，无需向劳动者支付经济补偿，但是应当依法向劳动者支付其实际工作时间的劳动报酬。

第二章 中国劳动法治模式的构造与机理

以保护,能起到更好的法律效果。比如最近兴起于美国的"Me-Too"[①]运动在中国引发对性骚扰问题的热议,一些来自高校、企业的性丑闻也曝光在公众视野之中。对于"性骚扰"首先要做出程度的区分,情节严重的直接交由刑法处理,但是根据刑法的谦抑性原则,一些情节轻微的,只涉及人格利益的情形就不属于刑法调整范畴。此时部门法就应当有所作为,在一般的民事保护之外给予特别保护。如果发生在学校或教育关系之中,那么教育法就应当特别处理,同理如果发生在劳动关系之中,特定的劳动环境和隶属关系不利于劳动者主张民事权利或得到救济,此时的劳动法应将其纳入劳动法益加以特别保护。

第三,须相容于中国劳动法治模式。劳动法作为西方世界的舶来品,需要根据中国国情与中国传统进行本土化和中国化。在中国独特的社会主义社会体制、文化传统、劳动样态之中,何种劳动利益能成为中国劳动法益,需要建立在对中国劳动法治现实的深刻把握之上。一方面,在历史上中国的经济结构与劳动样态没有经历西方的发展模式:庄园逐利的农奴经济—国家鼓励的重商主义—国家力量退出的自由经济,也就没有因国家退出对劳资关系的直接干预而产生的工会运动和大规模的劳资冲突。在中国历史上,国家对劳动资源一直处于把控与支配的地位,中国古代有关劳动的法律是以社会治理为目的的法令。时至今日中国的政企关系、劳资关系、政府与劳动者的关系都与西方世界不同,中国的劳动法治仍然是以国家力量为主导来推进的,因此一些关乎国家利益、社会利益、社会秩序的因素也应纳入中国劳动法益之中来进行考察。另一个方面,中国的社会主义决定劳动者,尤其是公有经济中的劳动者的地位与

[①] "MeToo"是源于美国的一场反性骚扰运动,可译为"我也是(我也遭受过)",是女星艾丽莎·米兰诺(Alyssa Milano)等人2017年10月针对美国金牌制作人哈维·温斯坦(Harvey Weinstein)性侵多名女星丑闻发起的运动,呼吁所有曾遭受性骚扰和性侵犯的女性挺身而出,在社交媒体上诉说,借此唤起社会关注。

利益需要劳动法律的特别保护。在应然层面，公有经济中劳动者的一些集体性利益属于劳动法益，应由劳动法提出。其与企业法中公司治理的内容会有重合，但两者有着不同的内在机理、逻辑分工与价值追求。

2. 劳动法益结构的三个维度

沿袭上文对劳动法中的利益的类型化分析形式，以及对劳动法中的利益与劳动法益关系的探讨，可以在利益结构的基础上限缩法益结构。因此仍然可以从这三个维度阐释劳动法益结构：以主体的微观视角可以分为劳动者法益、用人单位法益、国家法益；以主体的宏观视角可以分为个体法益、集体法益、社会法益；以内容为视角可以分为财产法益、人身法益、精神法益。基于不同视角的法益描述与分析，可以全面地审视劳动法益的应然面貌。

在"劳动者法益—用人单位法益—国家法益"的结构之中，对劳动者法益的保护居于劳动法的主导地位，我国的一系列劳动立法都是围绕保护劳动者而展开的。无论是《劳动法》还是《劳动合同法》第1条都开宗明义地提出"保护劳动者的合法权益"，"在社会关系中，有天生的强势群体和弱势群体之分，而且市场经济会自发地导致强者越强、弱者越弱。倘若没有公权力和社会力量的介入来保护弱者利益，社会关系的失衡状态会加剧并最终导致严重社会危机。"[1] 纵然当今中国社会部分劳动者的生存状况和社会地位有了很大改观，但是在劳动关系中，用人单位与劳动者存在逻辑上的强弱关系，劳动法对于劳动者法益的倾斜保护特质是不可动摇的，保护劳动者法益也居于此种劳动法益结构之核心位置。值得注意的是，用人单位法益与劳动者法益之间并不是单纯的此消彼长的对抗关系，而是存在着内部的关联与统一。一方面，只有用人单位的利益得到保障，市场经济才会愈发繁荣，从而提供更多更好的劳动岗位

---

[1] 冯彦君：《中国特色社会主义社会法学理论研究》，《当代法学》2013年第3期。

第二章　中国劳动法治模式的构造与机理

和劳动环境；另一方面，在现代企业管理制度的框架下，现代企业的劳动者不仅仅是企业的生产者，也可能是管理者或参与分红的持股者，企业利益与劳动者利益在此种情形下是高度统一的。因此保护用人单位法益是保护劳动者法益的前提，也是补充。国家法益也是劳动法益的重要组成，虽然国家并不直接参与劳动关系，但是其在劳动关系中发挥着重要作用，国家作为利益主体也有着自身的利益追求，需要被劳动法益所涵盖。在西方世界，工会在与企业的长期斗争中形成了一种有效的沟通机制，即由政府—企业—工会三方组成的集体谈判机制，国际劳工组织就是在这三方的作用下成立的，这种沟通与协商机制也成为全球劳动法治的共识。在中国，国家扮演着更为重要的角色，国家力量是中国劳动法治的实际推动力量，国家的行政力量也更深层次地介入劳动法实施的不同环节。国家作为劳动法中的利益主体也有着对经济利益、秩序利益的多重追求。在公有制经济占主体地位的中国，国家的经济利益相比西方世界而言更直接地渗透在劳动者与用人单位的经济利益之中；国家的秩序利益也寓于劳动秩序、和谐劳动关系以及用人单位与劳动者的安全稳定之中。

由此可以看出在"劳动者法益—用人单位法益—国家法益"的法益结构之中，劳动者法益是核心；用人单位法益是劳动者法益的基础和补充；国家法益是劳动者法益的组成部分，并通过劳动者法益与用人单位法益的实现而实现。

在"个体法益—集体法益—社会法益"的劳动法益结构之中，个体法益是当前劳动法的主要冲突点和矛盾的主要方面。在劳动法律实践中，绝大部分冲突发生在个别的劳动者与个别的用人单位之间，个体法益是劳动法着重保护的对象。但是集体法益的承认与保护也不能被劳动法忽视，集体法益应包括劳动者的集体法益与用人单位的法益，其中劳动者的集体法益，劳动者可以通过"劳动三权"得以实现："团结（结社）→谈判（缔约）→行动（罢工等）

三位一体，环环相扣。其中，结社为前提；行动是保障；谈判是成果。"① 但是劳动者的集体法益仍然没有纳入劳动法律制度的框架内，"无论是劳动法治活动还是劳动法学理论研究都以个别劳动关系及其法律规制为关注点，忽视甚至在某些方面回避集体劳动关系及其法律规制问题。这是我国劳动法制建设和劳动法学理论研究的一个鲜明的特色，这在某种意义上也是一个不足或缺陷。"② 作为用人单位而言，基于共同的行业特征也产生共同的集体利益诉求，这些用人单位的行业集体利益就更加被劳动法所忽视，现行的劳动法律中并没有完全考虑到不同行业的行业特点和行业现实，直接适用整齐划一的法律进行规制，这并不利于劳动法的实施和劳动法治的发展。应该针对特殊行业的特征与行业现实情况，允许不同的劳动基准与用工形式的存在，这样才是劳动法对行业集体法益的考量和对现实的尊重。

　　该法益结构中的"社会法益"是一个较为复杂的概念，因为"社会利益"本身就存在很大争议。罗斯科·庞德将利益分为：个人利益、公共利益与社会利益，而庞德所谓的利益"不是经济学家所使用的作为有利的利益"，而是"法学家所使用的作为权利要求的利益"。他认为，这些利益被法律选定并竭力保证，法律"承认其范围后，又定出了保障它的方法"。③ 由此可见，庞德在这里提出的"社会利益"实则是一种社会法益，他认为社会利益（法益）应包括：（人的）一般保障、一般道德方面的利益、使用和保存社会资源方面的利益，以及在社会、政治、文化等方面一般进步的利益。其中最为主要的是"一般保障"的利益，它包括：和平与秩

---

① 冯彦君：《集体合同效力的生成与实现——以营造"和谐劳动"为目标》，《南京师大学报》（社会科学版）2016年第2期。
② 冯彦君：《中国特色社会主义社会法学理论研究》，《当代法学》2013年第3期。
③ [美]罗斯科·庞德：《通过法律的社会控制》，沈宗灵译，商务印书馆2013年版，第41页。

第二章　中国劳动法治模式的构造与机理

序的要求、一般安全、一般的健康状态、占有物的保障以及买卖的保障。[①] 庞德的理论可以应用在作为劳动法益的"社会法益"中，庞德理论中的"一般保障"在劳动法益中可以阐释为，一般劳动秩序和劳动基准；"一般道德利益"可以阐释为，劳动法对公序良俗最低限度的坚守；"一般进步的利益"可以阐释为对劳动者、企业发展权的保障；而在"使用和保存社会资源方面的利益"中，企业、劳动者、国家之间互相成为彼此的社会资源，互相依存、互相成就，劳动法应赋予其互相利用与保存的权利及义务。

由此可以看出，在"个体法益—集体法益—社会法益"的劳动法益结构之中，个体法益是劳动法保护的主要法益；集体法益是劳动法的必要考量；社会法益对公共空间的一般保护。三种法益在内容上互相重叠，比如劳动基准是对社会法益的保护，也是对个体法益的保护；集体谈判中的斗争与妥协最终也落到个体法益中，所以个体法益是该种劳动法益结构中的根本法益。

"财产法益—人身法益—精神法益"的法益结构是基于法益内容的划分。在劳动法保护的法益之中，财产法益最为瞩目。大部分利益冲突最终都可以表现为对物质利益的诉求，在法律实践中的大部分争议也源于对财产法益的保护要求。劳动法益中的"人身法益"同样有着丰富的内容。在民法理论中"人身权"包括"人格权"与"身份权"，其中"人格权"是权利主体基于其法律人格而享有的、以人格利益为客体、为维护其独立人格所必需的权利。如人格的独立、平等、自由、尊严等一般人格权，以及如生命、健康、名誉、隐私等具体人格权；其中"身份权"是权利主体依一定行为或相互之间的关系所产生的一种民事权利，它为权利人和相对人的利益而设立，双方均有相应的权利与法定义务。民法中的人身

[①] 参见［美］罗斯科·庞德《通过法律的社会控制》，沈宗灵译，商务印书馆2013年版，第45、46页。

权益在劳动法益的内容上也应有所体现。"人通过自己的劳动获取物质利益天经地义,但无论如何不能以牺牲更为宝贵的人身、人格利益为代价。劳动权的理想是确保劳动者在追求物质利益的过程中不丧失人身利益与人格利益,即防止出现舍本逐末,追求物质利益而失落人的异化现象。"① 因此劳动人格法益至少应包括:作为一般人格利益的劳动者尊严、劳动者自由,作为具体人格利益的生命健康法益、身体法益、名誉法益(用人单位也应拥有劳动法上的名誉法益)等。相比民法的一般性保护,劳动法对劳资关系中人身法益保护更为有效。劳动法上的身份法益是劳动关系中双方基于特定身份而产生的相关利益,它可以是财产法益的前提。精神法益主要指劳动法中秩序、道德、习俗、观念等,精神法益的利益主体只能是公共空间中不特定的人,属于上文中的社会法益。正因为利益主体的不特定,这些精神利益无法以权利的形式出现,如果以权利为路径分析法律,这部分利益就无法得到法律的保护,这正是法益分析法的优势所在。

在"财产法益—人身法益—精神法益"的法益结构中,财产法益是劳动法保护的主要法益形态;人身法益包括人格法益与身份法益,是财产法益的基础;精神法益属于社会法益,体现劳动法的伦理性与人文性关怀。

3. 劳动法益之机能

所谓"机能"一般指在特定的系统之中的某一部分应有的作用和能力。劳动法益之机能,是指在劳动法治之中,劳动法益应有的作用与能力,它包括已经发挥作用的"实然机能",也包括应当发挥作用的"应然机能";包括直接的、积极的发挥作用的"显性机能",也包括间接的、消极的产生效果或影响的"潜性机能"。总的来说,劳动法益为劳动法治提供了一种研究方法与路径,具体地

---

① 冯彦君:《劳动权的多重意蕴》,《当代法学》2004 年第 2 期。

第二章 中国劳动法治模式的构造与机理

讲,劳动法益的机能可以分为立法性机能与解释性机能。

劳动法益之立法性机能可以体现在两个方面。第一,使劳动立法更具合目的性。目的是人类一切活动,包括立法活动的直接推动力,目的影响着活动的指向、过程、方法与结果。在立法活动中,要从明确"目的"着手——围绕"目的"展开——根据"目的"调适,而本文认为:劳动法的真实目的就是保护"劳动法益"。只有将"劳动法益"作为劳动法之目的,才使其具有完整的逻辑性与合理性:一方面,"法益"的范畴比"利益"更加精确,比"权利"更加广泛,且劳动法益兼顾劳动者、用人单位、国家多方主体;兼及个体、集体、社会多方视角;兼容财产、人身、精神多元内容,全面地体现劳动法之法律功能和法律价值,是劳动法真正的立法目的。另一方面,劳动法既有对私权利的平衡功能,也有行政处罚的功能,涉及"被平衡"与被处罚者的切实利益,如果不以"法益"为目的和方法进行劳动立法,将造成法律的失当与失度。第二,使劳动法的边界更具明确性。理论上习惯用法律调整的对象来划定法律制度发生作用的边界,"劳动法的调整对象包括两类社会关系,一是劳动关系,二是与劳动关系有密切联系的其他社会关系。"[①] 所谓"与劳动关系有密切联系的其他社会关系"一般指三种情形:是劳动关系产生的前提(就业培训、职业介绍等)、是劳动关系产生的必然结果(失业、养老等)、与劳动关系的产生和消灭有一定的牵连性(集体协商、劳动监察等)。这种劳动法边界的判定过于抽象,往往会忽略一些本该有劳动法所保护的社会利益,如果采劳动法益为依据进行判定,则劳动法的边界问题便更加清晰。

劳动法益之解释性机能也可以体现的两个方面。第一,劳动法

[①] 《劳动与社会保障法学》编写组、刘俊主编:《劳动与社会保障法学》,高等教育出版社2017年版,第19页。

中行政处罚的解释。在劳动法的法律责任中，除了对劳动者的补偿与赔偿责任之外，还存在一些行政处罚，如《劳动合同法》第84条中的"罚款"；第88条中的"行政处罚"；第92条中的"罚款"①。这些处罚是公权力对私权利的严重干预，何种情形下这种公权力的运用是合理的呢？答案应该是在被处罚者侵犯的法益涉及公共利益的时候，也就是当劳动社会法益（社会法益也会寓于个体法益之中）受到侵犯与威胁之时，通过劳动法益分析的方法即可得出公权力介入的时机与限度。通过法益来解释行政处罚，既可以避免公权力的滥用，又可以更好地发挥公权力应有的职能，此种解释是劳动法的应有之意。第二，劳动法的法律违法性的解释。所谓的"违反劳动法"，其本质到底为何？是违反了法律的规定还是侵犯或威胁了劳动法益？这是一个非常重要和基础的理论问题，它不但关乎劳动法的解释与适用，也关乎劳动监察权的行使与限度问题。在劳动法益的结构框架下，本文认为，劳动违法性的本质是：侵犯或威胁了劳动法益，原因有如下两个方面。一方面，法律规定有必然的机械性、滞后性与局限性，而劳动领域涉及问题极为复杂多样，用有限而具体的法律规定去涵摄无限丰富的劳动现象，必然导致法律规定的穷尽和劳动利益的失衡。另一方面，"法益是一种客观的

---

① 《劳动合同法》第84条规定："用人单位违反本法规定，扣押劳动者居民身份证等证件的，由劳动行政部门责令限期退还劳动者本人，并依照有关法律规定给予处罚。用人单位违反本法规定，以担保或者其他名义向劳动者收取财物的，由劳动行政部门责令限期退还劳动者本人，并以每人五百元以上二千元以下的标准处以罚款；给劳动者造成损害的，应当承担赔偿责任。"第88条规定："用人单位有下列情形之一的，依法给予行政处罚；构成犯罪的，依法追究刑事责任；给劳动者造成损害的，应当承担赔偿责任：以暴力、威胁或者非法限制人身自由的手段强迫劳动的；违章指挥或者强令冒险作业危及劳动者人身安全的；侮辱、体罚、殴打、非法搜查或者拘禁劳动者的；劳动条件恶劣、环境污染严重，给劳动者身心健康造成严重损害的。"第92条规定："劳务派遣单位违反本法规定的，由劳动行政部门和其他有关主管部门责令改正；情节严重的，以每人一千元以上五千元以下的标准处以罚款，并由工商行政管理部门吊销营业执照；给被派遣劳动者造成损害的，劳务派遣单位与用工单位承担连带赔偿责任。"

第二章　中国劳动法治模式的构造与机理

存在……并不是价值观或其他纯观念现象或思维现象。"[1] 其可以作为判定违法性的依据，另如上文所释，劳动法益作为劳动立法之目的具有最终的法律解释功能，可以应对万变的劳动现实问题。

以上文提到的职场性骚扰为例，情节较轻的职场性骚扰行为不受刑法规制，在《治安管理处罚法》中也只有片面的规定，通过民事权利角度更难以实现救济。在2012年国务院颁行的《女职工劳动保护特别规定》第11条中也仅做了简单表述："在劳动场所，用人单位应当预防和制止对女职工的性骚扰。"如果一个女性职工不断地受到上司的语言挑逗、短信微信侵扰，甚至出格的行为举止，而这些情况又不是发生在"劳动场所"，这就出现了劳动法益确实被侵害，而劳动者全无法律救济途径的情况。如果完全按照《劳动合同法》第38条规定[2]，则该女职工甚至没有合同解除权，只能主动离职或默默忍受。如果从法益侵害的角度判定用人单位违反劳动法（至少可以扩大解释《劳动合同法》第38条第4款），可以让劳动者有更多的博弈资本，或选择解除劳动合同而获得经济补偿。

另一个重要的问题是，如果用"法益受到侵害或威胁"来判定违法性，就会产生为了保护更大法益而牺牲较小法益的违法阻却事由。在上一个例子中，如果实施性骚扰的员工长期对多名劳动者进行性骚扰或侮辱行为，而公司制度里又没有这样的规章制度，那么公司可以单方面解除与其的劳动合同吗？依据《劳动合

---

[1] 张明楷：《法益初论》，中国政法大学出版社2000年版，第203页。
[2] 《中华人民共和国劳动合同法》第38条规定："用人单位有下列情形之一的，劳动者可以解除劳动合同：未按照劳动合同约定提供劳动保护或者劳动条件的；未及时足额支付劳动报酬的；未依法为劳动者缴纳社会保险费的；用人单位的规章制度违反法律、法规的规定，损害劳动者权益的；因本法第二十六条第一款规定的情形致使劳动合同无效的；法律、行政法规规定劳动者可以解除劳动合同的其他情形。用人单位以暴力、威胁或者非法限制人身自由的手段强迫劳动者劳动的，或者用人单位违章指挥、强令冒险作业危及劳动者人身安全的，劳动者可以立即解除劳动合同，不需事先告知用人单位。"在第38条情形下解除劳动合同可以依据第42条获得经济补偿金。

同法》第 39 条①，公司无权单方面解除与其的劳动合同，而公司的为了保护其他员工的法益、自身的法益、社会的法益，做出的开除决定是否可以成为违反劳动合同法的违法阻却事由呢？这是一个需要慎重回应的问题，也需要劳动法益分析方法的进一步构建才能完整地回答。

---

① 《中华人民共和国劳动合同法》第 39 条规定："劳动者有下列情形之一的，用人单位可以解除劳动合同：在试用期间被证明不符合录用条件的；严重违反用人单位的规章制度的；严重失职，营私舞弊，给用人单位造成重大损害的；劳动者同时与其他用人单位建立劳动关系，对完成本单位的工作任务造成严重影响，或者经用人单位提出，拒不改正的；因本法第二十六条第一款第一项规定的情形致使劳动合同无效的；被依法追究刑事责任的。"

第三章　中国劳动法治模式的冲突及其消解

据上文所释，中国有悠久的劳动文化史和劳动法律制度史，经过千年的演进，形成了自成一脉的劳动法律文化和思维模式。进而通过对中国现代劳动法生成模式和运行模式的研究勾勒出中国劳动法治模式的基本面貌。然而在当下的劳动法治模式之中是否存在冲突？法律世界的治理模式又是否会在现实世界各个劳动法元素的运作中消解？以上是本章所讨论的内容。

一　中国劳动法治模式的冲突

（一）劳动法治模式的内部冲突

中国劳动法治模式内部存在着冲突，这种冲突源于法治模式内部各个元素间的矛盾，进而造成了模式自身的悖反。文章选取三个方面的内部冲突：第一，中国古代的劳动法文化与现代劳动法设计的冲突；第二，中国劳动法理性的、建构主义的立法模式与经验的、演进式的立法模式间的冲突；第三，劳动法追求的倾斜保护与整体保护之间的理念冲突。

1. 劳动法文化与劳动法设计的冲突

中国自秦汉开始就与西方的古罗马有着不同的经济发展与制度

演进方式，在涉及劳动领域的法令制度也有很大差别，形成了不同的劳动文化和劳动法文化。两种截然不同的劳动文化和劳动法文化各自独立地发展一千多年，直到近代才开始交流。两种文化已经渗入到东方与西方人的思维方式和生活习惯之中，甚至可以说，一个比实体法律制度更宏大而深刻的规范系统，早已作用于东方与西方的劳动领域之中。有法彦称："习惯是法律之母"，美国法学家卡特则直接指出："法律的发展主要是习惯的演进，习惯和惯例提供了调整人们行为的规则，所有的法律都是习惯。"① 劳动法律文化以及劳动习惯应该是劳动法律制度设计中的重要考量，"无论你承认与否，习惯都将存在，都在生成，都在发展，都在对法律发生着某种影响。习惯将永远是法学家或立法者在分析设计制定法之运作和效果时不能忘记的一个基本背景。"② 但是，我们今天的劳动法设计，从思路到制度，大多为西方法治的舶来品，其与中国劳动法文化之间存在着冲突。这种冲突可以从以下几个方面阐释：

其一，国家、企业、劳动者，三者关系不同。在古罗马，劳动人民，无论是奴隶还是自由人，都受制于国家权力与"家父（paterfamilias）"权力的双重控制之下。在劳动力分配问题上，"家父"有着最直接、最绝对的掌控，因为"家庭"是古罗马的法定单位，"家父"是家庭中唯一法律上的完人，拥有家庭内部的生杀大权。古罗马的"家庭"逐渐发展为生产经济产品、以逐利为目的的"庄园"，可以说是企业的雏形。而此时的"国家"则通过法令限制"家父"的权力并保护劳动者，如《十二铜表法》第四表中记载的"家长如三次出卖其子的，该子即脱离家长权而获得解放"，以及1世纪后的"国王塑像下的庇佑"③，国家都会通过对"家父"的限

---

① 参见韦志明《法律习惯化与习惯法律化》（上），《青海民族研究》2009年第3期。
② 苏力：《中国当代法律中的习惯——从司法个案透视》，《中国社会科学》2000年第3期。
③ 详见本书第一章，第一节。

第三章　中国劳动法治模式的冲突及其消解

制而保护本国的劳动力资源。因此，从古罗马时期，西方社会就形成了"国家—企业（庄园）—劳动者"三方面互相作用的权力结构。此后西方社会的每一次经济结构转型都是从解放劳动力，也就是改变劳动领域的政令、法律为制度配套而进行的，直到现代劳动法所构建的集体协商关系。可以说，西方社会的劳动法的"国家—企业—劳动者"三方关系，一脉相承发展至今。而在中国悠久的劳动与劳动法的历史中，国家统一的、直接的占有和支配全国的劳动力资源，关于劳动的政令法律与土地、人口、税赋等政策一起，成为国家进行单元化社会管理的工具。"工商食官"的国营经济安排一直是中国古代社会的重要特征，而劳动者承担着国家劳动中大部分的徭役（庸）或受刑（城旦）一类的义务劳动，即便后来出现了一些能获得报酬的职业劳动者，如"明资匠""巧儿"一类的群体，其"劳动关系"也是建立在劳动者与国家之间的，其劳动定额和劳动状态受国家法律限制，并由一个序列的相关国家官员统一管理[①]。可以看出，在中国的劳动法文化中并不存在西方文化中的"三方权力结构"，国家作为一个单一向度的权力主体在劳动领域掌握绝对的权力。即使是宋、明、清，中国的民间经济日臻繁荣的时期，"企业"与国家之间仍然不存在权力的对抗，企业间形成的"行会"与政府也是一种合作型的关系，成为国家通过劳动治理而达致社会治理环节中的一种重要补充。

在这个维度上，中国劳动法的制度设计并没有和中国劳动法文化与传统相契合。一方面，中国现代劳动法在功能上较为单一，在体例上较为封闭，并没有和其他法律制度联动来实现更多的社会治理向度的功能和作用。而在实践中，因劳动争议而引发的社会性问题屡见不鲜，致使需要通过政治上的路径予以解决，抑或在倒逼司法环节中的倾斜性操作，这些问题本质上是制度设计与文化传统的

[①] 详见本书第一章，第一节。

冲突所造成的。另一方面，中国现代劳动法在制度设计上，重视西方的对抗型"工会"模式，而没有充分考量中国式的合作型"行会"传统。能体现行业特质和需求，又有高度可行性的"规范"没有纳入劳动法的规范体系中，行业自治的程度和能力受到了限制，失去这种来自传统的"重要补充"。

其二，中国劳动文化中的伦理色彩被现代劳动法所忽视。"礼法合一"一直是中国传统法律文化的一大特征，在中国古代有关劳动领域的裁判中①，法律、礼法、习俗、行规都能成为裁判的正式法律渊源，其中既包括国家意志为主的单向权力结构，又有伦理要求为辅的社会和谐保障，还有行业规矩为填充的经验性智慧，这种结构下的东方劳动法治效果是极为稳定而平衡的。再如清朝时期的两个劳动身份概念："雇工"与"雇工人"②，其间差别更能体现中国劳动领域对劳动伦理的特殊考量，仅乾隆年间就多次修改《雇工人法》，可见伦理在中国劳动法文化中的重要地位。然而，在我国现代劳动法律制度的设计之中，对西方的"自由"精神和理念进行了过度的渲染，而中国传统的劳动伦理却没有得到充分考量。企业的"仁"与员工的"义"作为劳动伦理中的基本元素与尊崇没有在劳动法中得到表现。另外，对抗型的劳资关系也是现代劳动法律制度设计的潜在理念，这种理念同样在劳动法律中被过度渲染，这种对抗型劳资关系模式也与中国劳动文化传统产生内在的冲突。"和谐劳动"正是对这种冲突的最直接回应和消解，在劳动法治的新时代，"和谐劳动"已经成为"劳动立法的立法目的和重要使命"③，实则是在用"和谐劳动"来重建劳动与劳动法中的新伦理关系。

---

① 参见本书第一章，第三节，"时毛儿案"与"魏俊案"。
② 参见本书第一章，第三节。
③ 冯彦君：《"和谐劳动"的观念塑造与机制调适》，《社会科学战线》2015年第7期。

2. 理性主义建构模式与经验主义演进模式的冲突

改革开放至今的40多年时间，我们已经建立了一套庞大的"中国特色社会主义法律体系"。仅仅40多年时间"高楼平地起"，这样的法律体系势必不是社会与法律自然演进的结果，因此有学者认为："中国政府尤其是立法机关在法律体系构建的认识和实践上，表现出一种强烈的理性主义的建构思路，意图在短短的几十年间通过持续不断的立法努力，实现形成中国特色法律体系的目标。"① 这种法律建构模式在劳动法上的体现也比较明显，上文称之为"劳动公权力引导下的国家建构主义模式"②。然而，在这种国家建构主义模式的表征下，却存在着"经验主义演进式"的政策与立法思路。这两种截然不同模式的同时存在，成为了劳动法治模式的内在冲突之一。这种"经验主义演进式"的思路存在于我国的政策指导上，改革开放以来，以"摸着石头过河"为标志的"试验"式的发展思路一直是我国制度建设的方法论。"而这种试验主义的方法论反映在我国法律体系构建方面，就形成了独具中国特色的审慎立法政策和法律试行机制。"③ 在立法过程中常出现的一些话语就体现了这种机制的应用，诸如"法律宜粗不宜细""先立单项法，后立综合法""先地方，后中央""试行立法""试点立法""先行先试"等。

在我国劳动法律体系的构建过程中，就兼容着这两种不同的模式元素，形成模式的内在冲突。一方面，《中华人民共和国劳动法》在1994年就横空出世，带有国家构建主义的浓厚色彩，也带有前文所释的几个角度的掣肘。另一方面，我国劳动法的研究是经由"劳动关系""劳动基准""集体协商""社会保险与促进就业""劳动监察与争议处理"五大视点而推进的，虽然在立法体例上没有明确

---

① 张志铭：《转型中国的法律体系建构》，《中国法学》2009年第2期。
② 详见本书第二章，第二节。
③ 钱大军、薛爱昌：《繁华与无序：法律体系构建的中国模式之检讨》，《法律科学》（西北政法大学学报）2016年第1期。

划分，但劳动法律规范与法律共识的建立是在这五个视点的研究中进行的。因此可以说，在实质上我国劳动法的发展正是遵循着"先单项，后综合"的经验主义思路。

这两种不同的法治模式各有优劣，建构型法治模式能迅速建立起一套法治体系，弥补法律空白并执行立法者意志，我国的劳动法正是在这种逻辑下建立的。然而，经验主义的演进式发展是我国改革开放和制度建设的政策思路，为了法律规制能更好地涵摄自然事实，劳动法需要在自然事实中被检验和调适。这样就产生了一种悖论：劳动法发展和演进的方式是违背劳动法的。因为劳动法是先于经验、基于理性而构建出来的，而后要在国情、社情和市场经济中检验和突破，其中每一次突破和发展都将始于"违法"。这样的模式冲突将导致一个必然的结果：劳动法始终处于合法性危机之中。

3. 劳动法价值追求上的冲突

"倾斜保护弱者"是现代劳动法最主要的特质和价值追求，然而这可以作为劳动法唯一的价值追求吗？诚然，保护弱势群体蕴含在公平价值与现代法治理念之中。在劳动法领域，弱者保护理论更是"居于现代劳动法学基石理论的地位，劳动法治观念的塑造，制度规则的设计都以此理论为灵魂依托和价值引领"[1]。而且，根据罗尔斯提出的公平机会均等理论，"公平是要尽量将自然及社会环境对人造成的不平等减少到最低程度，是大家在竞争的出发点上平等"[2]。因此对弱势群体的倾斜性保护在特定情况下可以突破形式上的公平，这种"倾斜保护"有其内在合理性，劳动法正是"针对一种不平等关系而采取不平等法律措施的机制"[3]。然而，如今的劳资

---

[1] 冯彦君：《"和谐劳动"的观念塑造与机制调适》，《社会科学战线》2015年第7期。
[2] 张文显：《二十世纪西方法哲学思潮研究》，法律出版社1992年版，第543页。
[3] 冯彦君、张颖慧：《"劳动关系"判定标准的反思与重构》，《当代法学》2011年第6期。

关系已经发生了巨大的变化,"劳动者"与"弱势群体"不能当然地画等号。在中国劳动立法对劳动者的倾斜保护的同时,导致资方法律成本加重,一定程度上限制了经济的发展。这种价值上的冲突导致了劳动法遭到普遍质疑,前财政部长楼继伟曾言:"我国劳动合同法可能是有问题的。劳动合同法对企业的保护严重不足,在立法和司法层面上都有体现。很大程度上降低了我国劳动力市场的灵活性,不利于提高全要素生产率,最终损害了劳动者的利益。而且现在越看越明显,倒霉的是劳动者。"[1] 这种舆论的产生源于劳动法自身特有的价值追求"保护弱者"与法律最一般的价值追求"平等保护"之间的冲突的结果。

在劳动法中,价值追求上的冲突普遍存在。在工时制度中,随意订立契约约定工时的自由价值与劳动者的生命健康价值发生冲突,效率价值、劳资公平与生命健康价值发生冲突;辞职制度中,契约建立的秩序价值与劳动者的自由、健康发生冲突,劳动者的自由价值与竞业禁止的公平价值发生冲突;在工伤制度中,用人单位丧失了民事上的对等性,平等、效率价值与劳动者的生命健康价值、社会的公平价值发生冲突;在退休制度中,关乎劳动者的个人意愿(不愿退休)的自由价值与社会效率价值(适龄就业)发生冲突,同时劳动者的个人意愿(希望退休进而享受社会保障)也与社会整体的效率价值发生冲突,等等。何如消解或平衡这些价值上的冲突,是一个深刻而复杂的命题。

(二)劳动法治模式的外部冲突

中国劳动法治模式的外部冲突,总的来说是中国劳动法与中国经济社会实际发展状态的冲突。社会上对劳动法的质疑与批判也主

---

[1] 楼继伟在 2016 年 2 月 19 日"中国经济 50 人论坛 2016 年年会"上的发言,发言题为"关于提高劳动力市场灵活性和全要素生产率"。

要源于此，认为劳动法，尤其是劳动合同法是一部"至少超前五十年"的法律，其立法理念太过先进，不适合中国今天的发展状态，甚至有"劳动法不死，中国经济不兴"的极端言论。本文认为，中国现代劳动法治模式确实存在与社会现实的冲突——这种原因是多方面的——但是中国现代劳动法对于中国劳动与经济发展的价值也是真实且深远的。并且这种冲突也不能用"先进"和"超前"来解释，纵然再过"五十年"，现代劳动法模式与中国社会经济发展仍将存在新的冲突。因为现代劳动法是工业革命与机器化大生产的产物，是为了解决工业革命时期的劳资矛盾而设计的，彼时的劳资矛盾是一种在特定生产力之下产生的特定生产关系。

不难发现，现代劳动法中所有保护劳动者的设计主要是针对第一、第二产业而言的，因为在第一、第二产业中，有较为稳定和紧密的劳动关系，能够且必须制定统一的劳动基准来保护劳动者的身体健康和意志自由。然而对于从事第三产业的劳动者，他们的劳动样态非常多元且灵活，甚至有些劳动状态无法用传统的劳动关系理论解释，使得现代劳动法很难完全契合第三产业的劳动样态。改革开放之初，中国经济仍然是以第一产业和第二产业为主，以1978年为例，此时中国就业人口为40152万人，其中第一产业就业人口达28318万人；第二产业为6945万人，第三产业为4890万人。在《中华人民共和国劳动法》制定的1994年，中国就业人口增长到了67455万人，而第一产业的就业人口仍占据一半以上：36628万人，第二产业为15312万人，第三产业为15515万人。这个数据到了2011年有了根本性变化，第三产业就业人口（27282万人）已经超过了第一产业的就业人口（26549万人），占比超过35%并且逐年增加。根据2017年数据，这个占比已经达到43.5%，第三产业就业人数已经达到6067万人。因此，本文看来并不是劳动法超前或先进，即使再过五十年劳动法仍然与社会发展不相符，其冲突的根源是传统的劳动法治模式与新兴的产业结构之间的冲突，这种冲突可

第三章 中国劳动法治模式的冲突及其消解

以经由很多具体问题表现出来。

1. "劳动关系"逻辑与中国劳动事实状态的冲突

"劳动关系"是劳动法的基本逻辑,只有当从业关系属于法律拟制的"劳动关系"范畴时,其方能受到劳动法保护。这种逻辑与中国劳动事实状态之间存在着冲突,可以体现在两个方面。

第一,作为法律术语的"劳动者"与事实上的劳动者的冲突。在"劳动关系"的判断中,"劳动者"是应该作为一种特定的法律"身份"还是"人格",抑或是客观存在的"群体"呢?一般来说,法律界习惯将"劳动者"作为一个特定的法律术语和法律身份来讨论,认为劳动者是"具有劳动权利能力和劳动行为能力但不一定已参与劳动关系的公民……公民成为劳动者必须具备法定的前提条件,这在法学上统称为劳动者资格或主体资格。它所包括的劳动权利能力和劳动行为能力共同决定着公民参与劳动法律关系的范围和享有并行使劳动权利、承担并履行劳动义务的范围"[1]。在这种判断标准下,一些劳动群体就处于一种尴尬的地位,如退休再就业人员、在校兼职大学生、外籍"黑工"等。客观地说,这些群体也在交易着自身的劳动力,且属于符合一般人对劳动者的基本印象。但是他们的"劳动者"地位却难以认定,也无法受到劳动法的倾斜保护。另外,一些企业高管完全符合"劳动者"的法律特征要件,可以受到劳动法的保护。那么实质上强势的企业高管可以通过劳动法实现"倾斜性"的保护,而弱势的退休再就业人员和在校大学生群体却不能得到"倾斜性"的保护,这种评价结果恐怕过分重视了法律的技术性和体系性,而忽略了劳动法的精神追求,甚至失去了普通人的常识和伦理。我们应该"以一个普通人的角度与一个法律人的专业素养凭借常识与经验判定一个具有劳动给付性质的社会关系是否为应由劳动法所调整的劳

---

[1] 王全兴:《劳动法》,法律出版社2008年版,第78—80页。

动关系"①，而"劳动法学对劳动者概念构建的关键是对劳动者身份事实的制度承认，而非抽象资格的法律界定"②。

第二，劳动关系"从属性"标准与新型劳动样态之间存在冲突。目前，评判"劳动关系"以"从属性"为通说和主流标准，这里的从属以人格从属性与经济从属性为主③。所谓人格从属性是指"劳工提供劳务之义务的履行系受雇主之指示，雇主透过劳动契约将劳工纳入其事业组织之中，并决定劳工劳务义务之给付地点、给付时间与给付量等等"④。我国台湾学者黄越钦将人格从属性概括为"服从营业组织中之工作规则、服从指示、接受检查义务、接受制裁义务"⑤。而经济从属性一般指"劳工在资力上处于相对弱势，以至于必须依赖雇主提供劳务获致工资以求生存，或借以寻求更多的收入，累积更多的财富"⑥。但是，随着劳动样态的发展和变换，劳动关系的形式愈加多元化与复杂化，曾经完整且体系化的从属性判断标准也逐渐暴露出各种问题。一方面，"人格从属性"强调雇主的分派与指挥权以及劳工处于被雇主所掌控的地位。此标准认为"用人单位"对劳动者享有分派任务、指挥劳动、监督工作、检查成果等权力，具有鲜明的第一、第二产业劳动特征。但是这一标准对第三产业中的新型高端职业——具有高度技术性和专业化的职业而言，就失去了评判的尺度。如医生、律师、教师、高级技师、职业运动员等，用"人格属性"难以判断他们的劳动关系。可见，人格从属性的判断标准日显疏漏。另一方面，"经济从属性"无法解

---

① 冯彦君、张颖慧：《"劳动关系"判定标准的反思与重构》，《当代法学》2011年第6期。
② 曹燕：《"劳动者"的法律重释：境况、身份与权利》，《法学家》2013年第2期。
③ 此类观点代表人物为我国台湾学者黄越钦，此外学界还有组织从属、阶级从属以及技术从属的提法，其是否为从属性所涵盖，仍有较大争议。
④ 黄程贯：《劳动法》，2001年版，第63页。
⑤ 黄越钦：《劳动法新论》，中国政法大学出版社2003年版，第95页。
⑥ 台湾地区劳动法学会编：《劳动基准法释义——施行二十年之回顾与展望》，新学林出版股份有限公司2005年版，第55页。

第三章　中国劳动法治模式的冲突及其消解

说平台经济下的"自营劳动者"。一般认为，用"经济从属性"来判定劳动关系需具体考量劳动者与用人单位在经济上的紧密联系，这种紧密联系可以体现为：生成资料和劳动环境需要由用人单位提供。但是，在新型的平台经济模式下，劳动者只在平台接受任务，而后自行准备生产资料和劳动环境完成任务，获取报酬。如网约车司机，其在网约车平台接受任务，而后用自己准备的汽车完成客运服务，获得报酬，网约车司机实质上就是平台经济下的自营劳动者。这种平台经济模式的企业会越来越多，甚至成为主流，"经济从属性"的判断标准将遭到越来越多的质疑。

2. 劳动合同法与劳动者保护的悖论

在我们的劳动法律框架下，尤其是《中华人民共和国劳动合同法》出台后，对劳动者的保护力度非常明显地体现在法条之中，在《中华人民共和国劳动合同法》第82条[①]中，增加了对用人单位不签订劳动合同的法律责任；在第14条[②]中，增加了无固定期限劳动合同的设计；在第63[③]条中，提高了劳务派遣式员工的待遇等。

[①] 《中华人民共和国劳动合同法》第82条规定："用人单位自用工之日起超过一个月不满一年未与劳动者订立书面劳动合同的，应当向劳动者每月支付二倍的工资。用人单位违反本法规定不与劳动者订立无固定期限劳动合同的，自应当订立无固定期限劳动合同之日起向劳动者每月支付二倍的工资。"

[②] 《中华人民共和国劳动合同法》第14条规定："无固定期限劳动合同，是指用人单位与劳动者约定无确定终止时间的劳动合同。用人单位与劳动者协商一致，可以订立无固定期限劳动合同。有下列情形之一，劳动者提出或者同意续订、订立劳动合同的，除劳动者提出订立固定期限劳动合同外，应当订立无固定期限劳动合同：（一）劳动者在该用人单位连续工作满十年的；（二）用人单位初次实行劳动合同制度或者国有企业改制重新订立劳动合同时，劳动者在该用人单位连续工作满十年且距法定退休年龄不足十年的；（三）连续订立二次固定期限劳动合同，且劳动者没有本法第39条和第40条第一项、第二项规定的情形，续订劳动合同的。用人单位自用工之日起满一年不与劳动者订立书面劳动合同的，视为用人单位与劳动者已订立无固定期限劳动合同。"

[③] 《中华人民共和国劳动合同法》第63条规定："被派遣劳动者享有与用工单位的劳动者同工同酬的权利。用工单位应当按照同工同酬原则，对被派遣劳动者与本单位同类岗位的劳动者实行相同的劳动报酬分配办法。用工单位无同类岗位劳动者的，参照用工单位所在地相同或者相近岗位劳动者的劳动报酬确定。劳务派遣单位与被派遣劳动者订立的劳动合同和与用工单位订立的劳务派遣协议，载明或者约定的向被派遣劳动者支付的劳动报酬应当符合前款规定。"

这些设计的初衷自然是保护劳动者权益的，希望通过制度设计使用人单位都能与劳动者签订劳动合同；使用人单位能为劳动者发放"准铁饭碗"，促进社会稳定；使用人单位不会利用劳动派遣制度盘剥被派遣员工的利益。但是在现阶段的中国国情与劳动市场形势来看，这些制度设计出现了一些副作用，甚至出现了为了保护劳动者而设计的劳动合同法反而使一些劳动者利益受损的悖论。

第一，在劳动合同的签订问题上，《中华人民共和国劳动合同法》第82条的规定并没有带来中国劳动合同签订的覆盖。据资料显示："2016年底，农民工的劳动合同签订率为35.1%，较上年下降1.1个百分点。"一些省份的独立调查数据则更低，如陕西省2015年的农民工劳动合同签订比例是17%。这些农民工主要从事的建筑行业是缺乏合同和社会保障的重灾区，一般情况下，只有包工头会与建筑商或者劳务公司签署用工协议，工人们出于老乡的关系仅与包工头有过口头协议。这巨大的法律风险便成为了建筑工人基本权益严重缺失和日后追讨工资难的症结。无劳动合同的"违法现象"广泛存在于低端劳动领域中，就连北京大学这样顶级学府都存在这种情况：2015年12月15日，北京大学学生社团马克思主义学会微信自媒体上发布《北大后勤工人调研报告》，报告称61名北大学子访谈了100名北大后勤工人，结果发现北大36%的后勤工人根本没有劳动合同。北京大学情况尚如此，其他用人单位的情况可见一斑。时至今日，一些中小型企业仍然存在着大量没有劳动合同的员工。

第二，在无固定期限合同的设计上，其立法目的在目前阶段很难真正实现。企业面临突如其来的人事限制和制度成本的增加，企业最先考虑的是如何规避。最著名的是劳动合同法实施前的"2008年华为事件"。华为公司所有工作满八年的华为员工，在2008年元旦之前，都要先后办理主动辞职手续（先"主动辞职"，再"竞业上岗"），再与公司签订1—3年的劳动合同；废除现行的工号制度，所有工号重新排序。华为此举意图非常明显，完全规避了2008年元旦实施的《中华人民共和国劳动合同法》第14条。从"华为事件"中可以看出，法律制度设计无法改变客观的社会格局和态势，在一个供需不对等的劳动力市场，无法通过反向激励机制来真正约束用人单位，实现对劳动者的理想型保护。

第三，在劳务派遣问题上，补丁式的修改效果难以达到立法目的。2012年的劳动合同法修改主要针对劳动派遣用工中的一些问题在四个条文上做出了修改：在第57条的修改中严格规定了劳务派遣单位资质；在第63条的修改中保障被派遣员工的平等待遇；在第66条的修改中限制了劳务派遣员工的业务范围；在第92条的修改中明确了劳务派遣单位的法律责任。这些条文的修改主要是为了防止"劳务派遣"这种用工形式的滥用而设计的，其立法目的最终是为了保护劳动者利益。但是，本文认为：仅仅通过法律设计，无法让劳动力的价值增加，也就无法从根本上改变劳动者的待遇。在成熟的劳动力市场下，劳动力可以类比为一种特殊的"商品"，其价值是由自身能力和市场环境决定的，劳动力价值又直接决定了劳动者的待遇。也就是说，如果想要改变劳动者的待遇，根源上应该提高劳动者能力（职业培训）或改善市场环境，即发展多元经济，改变劳动力供求格局。单纯地依靠法律设计让企业承担超出劳动力价值的劳动者待遇，这在商业环境里是不可能实现的。比如，如果签订劳动合同，依法缴纳社保，则其他待遇一定会随之减少。再比如《劳动合同法》第63条要求提高被派遣员工的待遇直至与同类型正式员工一样，这种法律设计在根本上不能实现，企业不会为超过其评估价值部分的劳动力买单，势必会规避这种额外的成本，比如将原有的劳务派遣转变为劳务外包，用这种方式消解劳动法的规定。那么，当原有的劳务派遣转变为劳务外包时，一样的工作任务，一样的劳动者，但是却需要"劳务外包"公司相比原"劳务派遣"公司额外付出管理成本,这种管理成本最终还将由劳动者买单,也就是说《劳动合同法》第63条,最后产生的结构可能是将原有的劳务派遣员工被迫转变为待遇更低的劳务外包公司员工。

3. "工会制度"与保护弱势劳动者的冲突

"工会制度"是现代劳动法的重要支撑,没有工会团队作为配套,集体协商机制就很难实现,西方的劳动法治就是建立在"政府—工会—企业"的三方结构之中。但是中国的劳动者对"工会"的肯认程度严重不足,"工会"的影响力微弱,也无法做出应有担当。2011年,中国劳动关系学院做出了一份"关于工会法实施情况"的调查报告,收回有效问卷1667份,在这1667个被调查者中,男女比例、年龄比例、学历层次、单位性质、地域分布、行业分布、收入分布等均符合社会一般比例,具有很强的代表性。调查问卷问及以下几方面内容。

其一,在问及所在单位是否有工会的问题时,所在单位有工会的被调查者有751人,占被调查人数的45.27%;所在单位没有工会的被调查者有908人,占被调查人数的54.73%。其二,在问及是否听说过《中华人民共和国工会法》的问题时,有913人表示听人说过该法,占被调查者人数的54.93%;有120人专门看过有关此方面的报道和介绍,占7.22%;有135人阅读过该法的法条资料,占8.12%;有494人根本不知道有该法律,占29.72%。其三,在问及是否知道劳动者有权组织工会的问题时,有986人知道劳动者有权组织工会,占被调查者的59.58%;有669人不知道,占40.42%。其四,在问及是否知道如何组织工会的问题时,有290人知道如何组织工会,占被调查者的17.58%;有1360人不知道,占82.42%。其五,在问及是否知道企业应该按照职工工资的2%向工会拨付经费的问题时,446人知道企业应该按照职工工资的2%向工会拨付经费,占被调查人数1647人的27.08%;有1201人不知道,

第三章　中国劳动法治模式的冲突及其消解

占 72.92%。①

如果根据上述统计推论，有超过半数的劳动者没有加入公会，绝大多数（超过 82%）不了解公会的组织运作。这样的数据足以说明公会在劳动者劳动生活中的参与度极为不足。那么什么样的企业更倾向成立公会，什么样的劳动者群体更容易被工会保护呢？我们可以从以下几个变量因素出发进行分析。

从教育因素综合来看，平均学历水平越高的企业越可能设立工会；从技术职称因素考察，高职称员工比例越大的企业，设立工会的可能性越大；在不同所有制企业中，按照一般理解，公有制企业最可能设立工会，但是结果港澳台和外资企业比公有制企业更可能设立工会，它们比公有制企业更希望通过工会活动等增强企业凝聚力；从企业规模和企业年龄上看，企业规模越大，越倾向于设立工会，企业年龄越大，历史越悠久越可能设立工会；在企业技术方面，企业技术革新对于工会设立也有正面影响。②

无论是教育、职称、技术、企业规模这些因素都是与劳动者实质上的"强"与"弱"呈正向相关的因素，而这些因素与劳动者参与工会的可能性也是呈正向相关的。那么，通过这个数据分析，我们得出一个令人遗憾的结论：越强势的劳动者越容易参加公会，受到公会保护；反而越弱势的劳动者越不容易参加公会，受到公会保护。这是中国"工会制度"面临的尴尬，也是其与"保护弱势劳动者"这个宏大任务的冲突。

某种意义上，存在"冲突"并非都是坏事，从社会学角度看，冲突的功能并不总是消极的，在一定框架内的冲突有利于社会的整合，也有利于形成关于整合与控制的规则。"冲突经常充当社会关

---

① 参见孙德强《我国工会制度的困境与出路——关于工会法实施情况的调查报告》，《中国劳动关系学院学报》2012 年第 1 期。
② 参见姚先国、李敏、韩军《公会在劳动关系中的作用——基于浙江省的实证分析》，《中国劳动关系学院学报》2009 年第 1 期。

系的整合器，还扮演了一个激发器的角色，它激发了新规范、规则和制度的建立，从而充当了使双方利益社会化的代理者。"①

二　中国劳动法治模式的消解

究其根本，劳动法治模式是一种应然状态：当运用法律技术与法学思维对劳动现象进行带有治理目标的观测和设计时，会形成按特定结构排列的劳动法元素，即形成劳动法治体系。当这些劳动法元素按照设定规律运行时，这种有规律的运行状态是劳动法治模式，也就是说劳动法治模式是动态的劳动法治体系。因此在本质上，劳动法治模式既是超验的产物，又要在实践之中被型塑。当应然的劳动法治模式与劳动实践发生冲突时，劳动法治模式就将消解在劳动法元素的运行之中。这种消解是对劳动法治模式中冲突的消解，也是对劳动法治模式本身的消解。在"国家建构"与"经验演进"的立法模式困境和模式短板问题上，通过司法实践之中对法律的各种解释进行消解；在劳资对立的理念问题和制度设计导向问题上，通过"和谐劳动关系"的劳动文化精神和政策性倡导进行消解；针对一些执行困难、适用能力不足的法条，民间自有一套行业"潜规则"对其进行消解；对中国工会对劳动者的保护不足以及对三方机制欠缺的问题，通过行政力量对个案的介入和斡旋进行矛盾消解。本文仅就以上四个方面展开讨论。

（一）劳动法律解释对劳动法治模式的消解

如上文所释，中国劳动法治模式存在一种内部的冲突——两种立法模式并存的冲突。我们依靠"建构主义"立法模式，迅速建立起劳动法治体系，弥补法律空白并执行立法者意志，并试图通过

---

① 参见叶传星《利益多元化与法治秩序》，《法律科学》1997年第4期。

"单边主义"的法律思维建立法律权威。然而，我国改革开放和制度建设的总体政策思路是"摸着石头过河"的"经验主义"的演进式的发展模式，需要法律制度在实践中被充分检验和调适。这样的模式冲突将导致一个必然的结果：劳动法始终处于合法性危机之中，构建主义的法律权威性不断被经验主义所挑战。在劳动法实践中，丰富的法律解释在技术上消解了这种模式困境和内部冲突，可见"从技术论的角度看，法律解释规则及其运用方法构成了法治思维和法治方式的核心内容"[①]。

依据做出法律解释的主体划分，可以将法律解释分为"官方解释"和"民间解释"。本文主要讨论"官方解释"，一直以来我们对官方解释的认识限于"立法解释""司法解释""行政解释"，但是本文认为，还应包括省级高院对法律做出的解释，以及最高院通过指导性案例对法律做出的解释。下面主要阐释最高法院的司法解释、省级高院的法律解释、指导性案例，这三种法律解释是如何消解劳动法的。

1. 劳动法司法解释

"司法解释"是最为常见的官方解释，在2007年最高法发布的《最高人民法院关于司法解释工作的规定》中的第2条规定："人民法院在审判工作中具体应用法律的问题，由最高人民法院作出司法解释。"由此定义了"司法解释"是由最高院做出的对法律的解释。在我国的劳动法律体系中，只有五部属于法律层级，其中有四部是由全国人民代表大会常务委员会制定的，《中华人民共和国劳动法》《中华人民共和国劳动合同法》《中华人民共和国社会保险法》和《中华人民共和国劳动争议调解仲裁法》，只有一部是在全国人民代表大会上通过的，即《中华人民共和国工会法》。针对这五部法律

[①] 陈金钊：《法律解释规制及其运用研究（上）——法律解释规则的含义与问题意识》，《政法论丛》2013年第3期。

的适用，最高院先后颁行了9部司法解释，这9部司法解释着力填补了法律在实践中的空白地带，同时也对法律设计中的模式冲突进行了消解。下面以《最高人民法院关于审理劳动争议案件适用法律若干问题的解释（四）》中的第11条为例说明之。

在法治模式与现实生活的诸多冲突中，有一对冲突最为典型——"要式主义"的法律事实与自然事实的冲突。在通过理性建构而成的中国劳动法之中，"要式主义"成为了劳动法的主要特征，也是主要的冲突点，"劳动关系"的判定、"劳动者"的判定、劳动形式的拟制，无一不是"要式主义"的产物。《中华人民共和国劳动合同法》第35条就体现了"要式主义"对劳动合同的影响，将"重书面、轻实践"写入法律之中，第35条规定："用人单位与劳动者协商一致，可以变更劳动合同约定的内容。变更劳动合同，应当采用书面形式。"如果凭借文义解释和体系解释，此条传递出这样一种法律态度：书面形式是劳动合同变更的生效要件，未经书面形式，劳动合同变更无效。然而司法解释的出现既维护了法律权威，又消解了其间的冲突。《最高人民法院关于审理劳动争议案件适用法律若干问题的解释（四）》第11条规定："变更劳动合同未采用书面形式，但已经实际履行了口头变更的劳动合同超过一个月，且变更后的劳动合同内容不违反法律、行政法规、国家政策以及公序良俗，当事人以未采用书面形式为由主张劳动合同变更无效的，人民法院不予支持。"通过本条解释，一方面消解了《劳动合同法》第35条引发的冲突，是对社会现实的肯认，也维护了社会公平理念；另一方面，也一定程度地消解了中国劳动法治模式中"建构主义"立法模式所导致的"要式主义"特质。

2. 省级高级人民院做出的劳动法解释

严格意义上，省级高院做出的对法律的解释既不属于"司法解释"，也不属于"行政解释"。但是其对本省的法律裁判具有极为重要的影响，无论其法源地位如何，能否被援引，其对辖区内法律实

第三章 中国劳动法治模式的冲突及其消解

践的作用最为直接。因为高院与最高院的层级不同,对法律实践中问题的敏感度也不同,相比最高院,高院能更加及时地接受实践反馈,并能因地制宜地做出对法律的解释。在高院做出法律解释中,一些具有普遍意义的问题和解释方法会被最高院关注并推广,成为真正意义的"司法解释"。上文所举的2013年《最高人民法院关于审理劳动争议案件适用法律若干问题的解释(四)》第11条,就是在2009年上海市高级人民法院颁布《关于适用〈劳动合同法〉若干问题的意见》第3条的基础上制定的。[①] 在中国区域经济发展严重失衡的今天,不同省份受劳动法影响大小各不相同,有的省份深感劳动法律设计的"超前",与劳动法的冲突较大。这样省高院做出的法律解释具有更明显的对劳动法的消解意图和效果,以上海和广东为例:

2009年3月3日实施的上海市《关于适用〈劳动合同法〉若干问题的意见》第4条第2款规定:"劳动者符合签订无固定期限劳动合同的条件,但与用人单位签订固定期限劳动合同的,根据《劳动合同法》第14条及《实施条例》第11条的规定,该固定期限劳动合同对双方当事人具有约束力。合同期满时,该合同自然终止。"

该条文是对《劳动合同法》第14条在上海地区适用的修正,也是对无固定期限合同制度的消解。根据上文所举"华为事件"可以看出,用人单位会采取各种办法避免与员工签订无固定期限合同,导致出现规避《劳动合同法》第14条的情形。除了"华为"利用集体辞职——重新聘用的方法以外,很大一部分用人单位改变之前劳动合同短期化的做法,与员工签署3到5年期或更长期限的

[①] 《关于适用〈劳动合同法〉若干问题的意见》第3条规定:《劳动合同法》第35条规定,劳动合同变更的应当采取书面形式。这里的书面形式要求,包括发给劳动者的工资单、岗位变化通知等。因为随着劳动合同的持续履行,劳动合同双方的权利义务本身就必然会不断变化。如随着劳动者工作时间的增加,其休假、奖金标准发生的自然变化等,都属于劳动合同的变更。因此,对于劳动合同变更的事项,能够通过文字记载或者其他形式证明的,可以视为"书面变更"。

劳动合同。如果利用上海的法律解释，企业可以在员工有权利签订无固定期限的劳动合同时，通过某种方式与员工签署一份固定期限的劳动合同，那么用人单位在该固定期限的劳动合同到期时，又可以要求与员工签署另外一份固定期限劳动合同，否则就终止与员工的劳动合同，这样可能永远不与员工签署无固定期限劳动合同了。上海高院的法律解释无疑是对这种做法的肯认，使《劳动合同法》第 14 条失去了其引导用人单位与员工签订长期劳动合同的意义，用默许与认可"民间做法"的方式，消解了中国劳动法治模式中的重要元素——无固定期限合同制度。

2008 年 6 月 23 日实施的，"广东省高级人民法院、广东省劳动争议仲裁委员会《关于适用〈劳动争议调解仲裁法〉》《〈劳动合同法〉若干问题的指导意见》"中第 26 条规定："用人单位与劳动者约定竞业限制的，应当在竞业限制期限内依法给予劳动者经济补偿，用人单位未按约定支付经济补偿的，劳动者可要求用人单位履行竞业限制协议。至工作交接完成时，用人单位尚未承诺给予劳动者经济补偿的，竞业限制条款对劳动者不具有约束力。"这个规定表面上看是对劳动者的保护，但是在实际操作中是对《劳动合同法》第 24 条[①]的消解，是对劳动者在竞业限制问题上参与和选择权的剥夺。《劳动合同法》第 24 条的应有之意是：关于竞业限制问题，应由用人单位与劳动者协商决定。然而按照广东省的解释，实质上是将竞业限制合同的履行选择权掌握在用人单位手中，用人单位可以在与员工签订劳动合同时先加入竞业限制条款，等到员工离职前由企业自由选择是否要履行该条款，而对员工而言就完全丧失

---

① 《中华人民共和国劳动合同法》第 24 条规定："竞业限制的人员限于用人单位的高级管理人员、高级技术人员和其他负有保密义务的人员。竞业限制的范围、地域、期限由用人单位与劳动者约定，竞业限制的约定不得违反法律、法规的规定。在解除或者终止劳动合同后，前款规定的人员到与本单位生产或者经营同类产品、从事同类业务的有竞争关系的其他用人单位，或者自己开业生产或者经营同类产品、从事同类业务的竞业限制期限，不得超过二年。"

了协商的权利。

以上两个例子可以看出,省高院对劳动法做出法律解释实质上是一些地方性办法。是根据辖区劳动实践情况,对中国劳动法治模式中部分劳动法元素的消解。

3. 劳动法指导性案例

2011年11月26日,最高院公布了《最高人民法院关于案例指导工作的规定》,其中第7条明确规定:"最高人民法院发布的指导性案例,各级人民法院审判类似案例时应当参照。"2015年6月2日,又公布了《〈关于案例指导工作的规定〉实施细则》,将报送和制定"指导性案例"上升为一种有模式化流程的常务工作,由此发展下去,"指导性案例"将成为对我国庞大的法律系统的注解和说明,也将自成体系地作用于审判工作之中。虽然"指导性案例"不是对法律的直接解释,但是当其具有一定规模和体系时,它将在实质上承担法律解释的任务,通过"以案释法"的形式在法律与事实中间建立起通俗的联系。因此在广义上,本文认为"指导性案例"属于法律解释的范畴,或者说一种"准法律解释"。

目前"指导性案例"的地位被描述为"审判时的应当参照",为此学者在其法源地位上展开了激烈讨论。无论用何种学术话语描述"应当参照",其实际作用与功能是显而易见的,它象征着制度性权威对于司法裁判产生的规范拘束力或者说效力。也就是说,法官在司法裁判中"应当"去适用法律的渊源。"而这里的应当又与'法律义务'的概念相联系。对于法官而言,如果存在相关的法律渊源而法官没有适用,那么他就违背了法官的法律义务,也使得判决本身是违法的。"[①] 也就是说"指导性案例"作为一种官方的"准法律解释",可以作为一种"准法源"应用。

截至2018年6月27日,最高院发布了第93至第96号指导性

[①] 雷磊:《指导性案例法源地位再反思》,《中国法学》2015年第1期。

案例，我国的指导性案例共计96件，其中有关劳动法的指导性案例有7件，包括劳动争议案例1件、工伤保险行政案例3件、拒不支付劳动报酬罪刑事案例1件，以及与劳动关系相关的公司法案例2件，分别回应和指示了劳动法治中的诸多疑难困惑。

第10号指导案例，李建军诉上海佳动力环保科技有限公司决议撤销纠纷案，该案例明确指示了司法审查的范围；

第18号指导案例，中兴通讯（杭州）有限责任公司诉王鹏劳动合同纠纷案，该案例进一步解释了劳动法中"不能胜任工作"的含义；

第28号指导案例，胡克金拒不支付劳动报酬案，该案例指示了劳动法如何对接刑法中的"拒不支付劳动报酬罪"；

第40号指导案例，孙立兴诉天津新技术产业园区劳动人事局工伤认定案，该案例解释了《工伤保险条例》第14条第1项规定的"因工作原因"和"工作场所"在实践中的判断标准；

第69号指导案例，王明德诉乐山市人力资源和社会保障局工伤认定案，该案例展示了当行政机关作出的程序性行政行为侵犯其人身权、财产权等合法权益，对其权利义务产生明显的实际影响，且无法通过提起针对相关的实体性行政行为的诉讼时如何获得救济的问题；

第94号指导案例，重庆市涪陵志大物业管理有限公司诉重庆市涪陵区人力资源和社会保障局劳动和社会保障行政确认案，该案例明确了职工"见义勇为"行为在劳动法中的地位和认定；

第96号指导案例，宋文军诉西安市大华餐饮有限公司股东资格确认纠纷案，该案例回应了国有企业改制过程中，初始章程的地位与效力。

可以预测，指导性案例可能构建出一套更为精准细致的规则体系，这套规则是对成文法律体系的解释，也是对法律体系的解构。当劳动法指导性案例更加庞大且系统化时，劳动法是否会完全消解于指导性案例之中？这是值得审视的问题。

(二)"和谐劳动关系"对劳资对立关系的消解

劳动法将劳资关系拟定为一种对立关系,在法律设计中不断制造这种利益上此消彼长的对立状态。然而,劳资关系是一种对立统一的关系,其表面上呈现一种劳动者与企业的对立逻辑:劳动者待遇由企业供给—这部分支出成为企业成本—控制和压缩成本是企业的当然追求—劳动者与企业间就此出现利益冲突。但是这种逻辑是在孤立地看待劳动者待遇问题时产生,从一个宏观视角审视劳资关系会发现劳资双方在深层次是统一的关系。其一,劳资双方是一个利益的共同体,有着同向的利益追求,唇齿相依;其二,劳资双方依靠对方实现自身价值,互相成就。劳动法着重强调劳资的对立关系,而忽视其内在的统一关系,如何消解劳动法带来的对劳资紧张的过度渲染呢?我们可以在历届政府对劳动关系的政治思路上找到答案:党的十六届六中全会明确提出要"发展和谐劳动关系",党的十七大强调要"规范和协调劳动关系",党的十八大首次提出要"构建和谐劳动关系"要求"健全劳动标准体系和劳动关系协调机制",党的十九大报告中更明确指出,"完善政府、工会、企业共同参与的协商协调机制,构建和谐劳动关系",这也是继2015年中共中央、国务院发布《关于构建和谐劳动关系的意见》后,在顶层设计层面最新的决策部署。那么,又如何通过构建"和谐劳动关系"消解劳资对立的劳动法元素呢?本文从以下几个方面加以阐释。

1. 劳资共赢理念的转变

美国学者戴维·兰德斯在《国富国穷》一书中提出,为什么17世纪和18世纪的工业革命没有发生在棉纺业当时居世界首位的印度而是发生在欧洲?一个重要原因是因为当时印度的劳动者社会地位与工资水平极为低下。[1] 而工业革命之所以在英、美等国经济发展

---

[1] 参见戴维·兰德斯《国富国穷》,门洪华等译,新华出版社2001年版,第241页。

过程中出现，则得益于这些国家构建了以利益共享思想为基础的和谐劳动关系，"这种劳动关系的和谐被普遍认为是战后西方发达国家经济迅速发展的成功经验之一"[1]。可见，劳资共赢、利益分享是和谐劳动关系的第一要义。

无论是个体的劳动者还是一般的劳动者与企业之间存在着这样一种逻辑：劳动者通过企业与社会对接所创造的价值大于通过个体与社会对接时创造的价值—企业借由劳动者的创造实现自身发展—劳动者获得的回报大于个体行动回报—企业发展与劳动者发展正向相关，劳动者与企业成为共赢的利益共同体。这种逻辑在工业革命后，也就是社会化劳动出现后成立。劳资对立逻辑，也就是"劳动者待遇由企业供给—这部分支出成为企业成本—控制和压缩成本是企业的当然追求—劳动者与企业间就此出现利益冲突"不过是在"劳动者获得回报"环节可能出现的冲突。在理想的市场环境下，这种冲突是不存在的，也就是每个劳动者和企业都能真实地评估个体劳动力能发挥的"个体价值"与其在企业中所能发挥的"溢出价值"，那么劳动者的回报必然在"个体价值"与"个体价值"加"溢出价值"的总和之间，这个区间均能实现共赢，也是劳动者回报的合理区间，最终在良性的劳动力市场竞争中实现共赢的最优回报方案。这是"劳资共赢"得以实现的内在逻辑，也是工业革命后社会化劳动形成的内在逻辑。然而，理想化的劳动力市场不会完美实现，个体的理性可能导致集体的非理性，市场失灵必然发生。而此时法律的主要职责就是在尊重经济逻辑的前提下，尽可能排除非理性因素，尽可能地实现理想化的市场环境，促使经济规律发挥作用，同时兼顾人文关怀。因此，法律绝非万能，我们无法通过法律去构建一个什么样的社会，社会样貌是不同时代下人们经验的凝结，"良法"是紧跟时代，适

---

[1] 邵彦敏、杨帆：《利益共享与和谐劳动关系构建》，《求是学刊》2017年第6期。

应时代，服务社会的法律。

人工智能的应用以及互联网经济和互联网思维的应用正在使人类进入一个新的时代，在这里劳资关系的对立将进一步弱化，因为劳资关系的逻辑发生了根本性变化。一方面，大量重复性体力劳动将被人工智能代替，人的劳动能力将被进一步解放；另一方面，人们不再必须通过企业和集体劳动来创造更多的价值，每个人都可以通过网络与社会直接对话，个体价值在互联网平台下得以最大程度地发挥。在这两个前提之下，劳动者与用人单位的关系将用互联网思维重新审视。所谓互联网思维，可以通俗地比喻为"羊毛出在猪身上"。企业作为劳动平台的形式出现，为劳动者搭建与社会资源对接的平台，劳动者与平台企业之间可能不发生劳动回报的直接给付，传统的劳资冲突逻辑就将不复存在，劳资共赢的时代也将全面到来。

2. 沟通机制的完善

"和谐"是对立事物之间在一定的条件下、具体、动态、相对、辩证的统一，它是不同事物之间相同相成、相辅相成、相反相成、互助合作、互利互惠、互促互补、共同发展的关系。可见"共存"而非"消灭"是和谐的范畴选择，即便当劳动法本身或劳资双方遭遇冲突之时，和谐的解决方法是针对冲突的疏导和化解，而非视冲突为错误进行"零容忍"的"消灭"。"在和谐劳动的观念塑造上，不应固守传统的以消灭矛盾和纠纷为目标的和谐观，而应该树立起以有效化解矛盾和纠纷为目标追求的和谐观念。以劳动关系和谐观念的这一转变为基础，构建企业和谐劳动关系的重心定位与机制选择就应该切实从'围堵打压'模式调适为'疏通化解'模式。"[①]因为劳资冲突的产生是必然的，"劳资冲突是市场经济的伴生物，

---

① 冯彦君：《"和谐劳动"的观念塑造与机制调适》，《社会科学战线》2015年第7期。

内在性地存在于资本者与劳动者的利益分割中,并且周期性地爆发。"① 既然如此,"疏通化解"冲突的最佳办法就是建立充分的沟通。

在政策层面,构建和谐劳动关系的核心就是建立有效的协商机制。在2014年10月发布的《中共中央关于全面推进依法治国若干重大问题的决定》中要求,要健全依法维权和化解纠纷机制,努力凸显法律在维护广大人民群众权益、化解社会冲突与矛盾中的权威地位,引导和支持人民理性地表达利益诉求、依法维护合法权益;在2015年3月21日颁布的《中共中央国务院关于构建和谐劳动关系的意见》中着重建设的就是和谐的"沟通机制",包括:劳动关系协调机制、企业民主管理机制、劳动关系矛盾调处机制;在随后的2015年6月公布的《中共中央关于全面深化改革若干重大问题的决定》中也明确要求:"创新劳动关系协调机制,畅通职工表达合理诉求渠道。"因此,"和谐劳动关系"在制度建设上集中体现为"沟通机制"的建设,在劳动法的语境下就是集体协商问题、集体合同问题、企业民主管理制度建设问题、劳动保障监察制度问题、劳动争议调解仲裁机制问题以及劳动者的职业教育和就业促进问题。这些"沟通"问题本是劳动法元素,但是逐渐消解在和谐劳动的政治话语之中。

3. 道德秩序的建立

"和谐"作为一种较为高级的精神状态和社会生态,是不可能仅仅通过法律规制来实现的。法律作为一种救济机制,其行为规范程度是社会行为规范的底线,而"和谐"需要配套更高的道德规范才可以实现。也就是说"和谐劳动"不仅要诉诸相关法律体制的建设与完善,也要诉诸有效的道德秩序调整。

---

① 姜涛:《劳动刑法制度研究》,法律出版社2013年版,第319页。

第三章　中国劳动法治模式的冲突及其消解

在构建和谐劳动关系的过程中，如果能配合道德秩序的建立，将在"社会和企业内部形成一个价值观念系统和利益驱动机制，营造出自觉而富有理性、平静柔和而富有人情的人际关系环境和氛围，使劳动关系双方积极主动地协调、发展彼此间的关系"①。虽然有句著名法彦："道德律己，胜于一切良法；道德律人，恶于一切私刑"，但是此处讨论的道德之"律"不同于法律之"律"，即便构建起"道德秩序"，其仍然是一种内在的规范，这种内隐的道德规范不像法律具有外显性和强制性，更多地体现为非强制性的规劝和疏导。但恰恰是这种非强制性的"规劝和疏导"在调节和处理劳动关系矛盾的过程中可以起到法律规范无法企及的"软法"效果。当道德秩序渗透到对劳动关系矛盾的处理和理解中时，其比法律有更为广泛的实践范围，有时候这种已有的道德规范甚至会起决定性作用。比如上文所提及的"2008年华为事件"以及企业通过一系列方法规避劳动法的情形，此种冲突就只能依靠道德来解说；劳动法文化与现代中国劳动法治模式的诸多冲突，也只能在道德空间中予以消解。

因此，在中国劳动法治模式的构建中，道德秩序是无法回避的法律本土化问题。道德调整可以从我国的具体国情出发，提出构建和谐劳动关系的调整方式。相比作为舶来品的现代劳动法与西方的和谐劳动观念（单纯的利益共享），东方文化对于"和谐"有着更为独特而深刻的理解，其在东方的文化土壤能栽培出更具品格与内涵的和谐之果。

第一，和谐劳动关系的道德调整符合中国文化传统的要求，也与中国悠久的劳动文化相契合。在中国的传统文化中，以宗法血缘为基础的伦理关系始终在社会意识形态中居于中心地位，传统社会

---

① 刘妍、周中之：《和谐劳动关系的道德调整及其实现路径》，《上海财经大学学报》2011年第4期。

往往习惯于运用道德的方式调整人与人之间的关系。在处理人与人之间的关系问题上，中国文化推崇"仁爱、礼仪、忠恕待人""己欲立而立人，己欲达而达人""己所不欲，勿施于人"，即采用道德的自我管理方式，通过道德自律来感化和影响周围的人。在这些传统观念的影响下，人们更容易接受采用道德的方式对劳动关系进行调整，通过提高劳动关系双方主体的道德自我管理能力，来实现劳动关系的和谐局面。在劳动实践中，劳动纠纷往往是以"私了"的方式收尾的，当双方私下协商未果还要进行劳动仲裁程序，这种"公权力介入的协商"之所以符合中国国情，也表明了中国文化中对法律救济形式的天然排斥。这就给劳动关系道德调整提供了较大的发挥空间。

第二，用道德调适来辅助构建和谐劳动关系也符合当代中国非公有制经济发展的现状，有利于构建私营企业中的和谐劳动关系。我国的非公经济受"家族文化"传统的影响，大部分民营企业都是由家庭或家族起始经营的，这些家族企业是我国民营经济中最主要的部分。家族企业采用家族治理模式使整个企业呈现出较强的"关系意识"，即人们以血缘关系为基础，依据亲属关系和人伦秩序形成一种特殊的人际关系网络，并通过这种关系网络来协调包括劳动关系在内的各种关系。这种家族式企业的治理方式对劳动法治精神形成冲击，企业内部劳动关系的调整模式和具体的操作过程由企业主单边操控，伦理与道德成为实际劳动生活中最为有效的规范依据。建立符合和谐劳动的且被广泛接受的道德秩序，对中国非公经济中劳动者保护尤为重要。

第三，兼容道德路径构建起来的和谐劳动关系更有利于实现劳动者的体面劳动和劳动基准的落实。在1999年召开的第87届国际劳工大会上由国际劳工局长索玛维亚首次提出"体面劳动"的要求，他认为："体面劳动旨在促进男女在自由、公正、安全和具有人格尊严的条件下获得体面的、生产性的工作机会，并将实现体面劳动作为国际劳工组织的战略目标。"① 我国领导人在"2008年经济全球化与工会"国际论坛上致辞时也指出:"让各国广大劳动者实现体面劳动,是以人为本的要求,是时代精神的体现,也是尊重和保障人权的重要内容。"② 可见,"体面劳动"这一理念的提出既是文明进步的表现,也是我国构建社会主义和谐劳动关系的内在要求。"体面劳动"本身就具有强烈的伦理色彩和道德色彩,为道德秩序的建立提供了充分的实践空间。因此,从伦理视角,以道德调适为路径而丰富和谐劳动的实现方法,对于劳动者有着深层的保护作用。

第四,道德秩序的构建能为劳动者提供更多的人文关怀和心理疏导。很多时候,人类的极端行为的导火索并不是利益矛盾,而是积压许久的情绪的爆发。因此,在国外的很多企业为了消减劳动者的愤懑与不满都设有向劳动者提供"苦情倾诉"的机制。这是一种成本低廉且行之有效的劳动关系调解方法,通过这种方法人们可以适度倾诉和释放心中的不满或愤恨,这样减轻了其精神压力,也减少了劳动者情绪爆发的可能性,更有利于构建和谐的劳动关系。这种人文关怀和心理疏导无法通过法律设计和制度设计来实现,只能依靠柔性的道德感染来逐渐渗透。

第五,构建道德秩序也相当于构建了一个劳动争议的缓冲平台,是预防和控制劳动争议转变为群体性事件的一种风险预警机制。基于法律和道德间的层次关系,大部分法律风险都是由道德风险开始的,如果企业中能有一套"道德风险"评价体系,就可以及时发现法律风险的苗头和趋势,做出劳动关系走向和不和谐的分析和判断。这种道德风险评估是双向的,既是对企业做出的评估,也是对员工做出的评估。据称像"阿里""百度"这种巨型互联网公司内

---

① 刘旭:《国际劳工标准概述》,中国劳动社会保障出版社2003年版,第15页。
② 参见胡锦涛出席"2008年经济全球化与工会"国际论坛开幕式并致辞,2008年1月8日,http://politics.people.com.cn/GB/1024/6744833.html。

部都设有"道德委员会",及时的地对企业与员工做出道德评估和风险预判。

可见,在构建和谐劳动关系的过程中,有大量区域属于"法外空间",不应该也不能够由法律调整,这时应该合理适度地利用道理秩序的力量介入其中。

(三) 民间规则与行政力量对劳动法治的消解

在我国的劳动法文化与历史中,国家权力与民间习惯、行业规则有机地结合在一起,形成了以国家意志为主,以伦理要求为辅,以行业规矩为填充的劳动治理模式。时至今日,虽然我国已经构建起了现代化劳动法律体系和法治模式,但是在劳动法律实践之中,文化传统的力量仍然不可忽视。民间规制所代表的"行业自治"与行政力量所代表的"权力之治"在一定程度上消解着劳动法构建的"法律之治"。这种文化已经形成一种社会性的"国家习惯",深刻地烙印在我们的思维方式与行为方式之中,即便我们把制定法作为法的主要依据与渊源,但是习惯仍然扮演着重要的角色,"无论你承认与否,习惯都将存在,都在生成,都在发展,都在对法律发生着某种影响。习惯将永远是法学家或立法者在分析设计制定法之运作和效果时不能忘记的一个基本背景。"[1] 正如美国法学家卡特所言:"法律的发展主要是习惯的演进,习惯和惯例提供了调整人们行为的规则,所有的法律都是习惯。"[2]

1. 民间规则

中国历史上虽然没有"工会"传统,但是却有着悠久的"行会"文化。明清之际"行会"尤为繁盛,有以地域划分的同乡团体,一般称为"帮";也有以经营种类而组织起来的团体称为

---

[1] 苏力:《中国当代法律中的习惯——从司法个案透视》,《中国社会科学》2000年第3期。
[2] 参见韦志明《法律习惯化与习惯法律化》(上),《青海民族研究》2009年第3期。

第三章 中国劳动法治模式的冲突及其消解

"行";更有负责消除本行业内部竞争,调解纠纷的"工商业工所"等,这些行会组织积极填补行业相关规则,在行业中具有很强的行为规范作用,甚至成为当时在劳动领域的重要法律渊源。这些自发的行业规则设计是在长期的经营中形成的经验之精华,充满了实践性智慧。比如早在几个世界前"秦商"中就有"银股"制度,"晋商"中有"(顶)身股"制度。"银股"类似今天的投资入股,"身股"则是一种虚拟股权机制。这些行业规则和经验,既是先进的劳动关系学问,也是先进的企业管理制度。

在今天,行业规则仍然是法律设计时的重要考量,甚至一些成熟的行业规则可以直接被法律吸收,一些存在的风险或不当行业潜规则更需要立法者关注其表象,分析其成因。比如"7天无理由退货"本是淘宝网发起的"7天计划"和"15天计划",即在7天/15天内,发现质量问题,可以无条件退货。而网络店主们纷纷加入这些计划来赢取消费者的信赖,便形成了电子商务领域的"行业规则"。在2014年3月15日修改《中华人民共和国消费者权益保护法》时,"7天无理由退货"就被法律所吸收,这种行业规则以法律的形式确定下来。然而,在劳动立法中,行业规则和行业经验却没有得到充分的重视。2004年,劳动部发布了《关于发布劳动定员定额标准的结构和编写规则行业标准的通知》,这本可以作为一次劳动法与行业对话的契机,但是时至今日我们仅就铁路工程、轨道交通、建筑工程的一些特定工种制作了59个文件,其中仅描述了该工种的人员配置,且大部分已经过时。至此劳动法与行业规则的互动再也没有发生过。那么,有关劳动基准、劳动关系等劳动法的基本问题就不应该与行业特征与行业需求相结合吗?事实上是,无论法律如何规定,行业规则实际发挥着约束作用,一些在法律边缘或者法律之外的潜规则正在消解着劳动法的作用。

当前,几乎所有互联网公司的工时制度采用的是"996"模式,"996"已经成为互联网类公司公认的潜规则。"996"的意思是，上午9点上班，晚上9点下班，每周工作6天。当"996"已经成为一种通用模式的时候，在互联网行业中劳动法中的工时制度、加班制度等一系列劳动基准统统丧失了意义。因为实质上已经不存在"加班"概念，所谓的加班时的法定报酬也只是形式上的计算方法而已，成为实质上的日常工资。最近一种新的工时模式在互联网公司的研发部门盛行——"247"，即每天24小时待命工作，每周工作7天，轮休3天。无论是"996"模式还是"247"模式都广受法律人士诟病，但是我们是否应该思考"996"或"247"在互联网行业成为共识的内在原因呢？其是否与行业自身特征以及从业者特征有关呢？如果劳动法不考虑这些行业特征与行业需求，其将被消解在这些行业潜规则之中。

用人单位内部的"规章制度"也属于某种形式的"民间规则"，并且"规章制度"与"行业规则"之间存在着高度的联系与互动。相比一些行业潜规则，企业的规章制度受到法律的认可，一些情况下甚至可以成为裁判的依据。我国法院对规章制度效力的判断有三点依据：第一，考察用人单位在制定规章制度时是否经过民主程序，劳动者是否参与其制定，知晓其内容；第二，规章制度内容需要有可操作性和明确性，其内容既不能违反法律，也不能有悖常理；第三，在特殊情况下，如果规章制度具有高度"合理性"，即便没有经过民主程序，"法院虽然不会直接认定规章制度有效，但仍会确定该劳动规章制度内容可以适用。"[1] 由此可见，规章制度在内容上是否具有"合理性"是其能否被法律认可的重要依据，而这种"合理性"显然不能完全依赖法官的自由裁量和直观感受。为了避免法律秩序的混乱与自由裁量的滥用，规章制度在内容上的"合理性"应更倾向解释为一种习惯意义上的合理，是否符合行业规

---

[1] 郑尚元、王艺非：《用人单位劳动规章制度形成理性及法制重构》，《现代法学》2013年第6期。

则,正是判断这种习惯的最优路径。因此在本质上,行业规则(潜规则)是一般性的"规章制度",都是具有高度可行性与内在合理性的民间规则。

2. 行政力量

在我国劳动法治模式中,行政力量一直扮演着重要角色,既是劳动法的制定者(劳动法律体系中占多数的是部门规章和行政法规),又是劳动法的执行者。在实践中,行政力量经常成为比法律更加直接有效的救济方式,成为劳动者潜意识里的选择。行政力量在劳动法中的多重角色导致其需要承担多重任务,一要遵从法律,二要维护社会稳定,三要保障经济发展。当以上三重任务发生冲突时,行政力量就需要综合地考量和权衡,以至于出现行政力量消解劳动法的现象。下面集中阐释三个方面的消解现象。

第一,劳动仲裁中暗含着行政力量。在理论上,劳动仲裁应该属于一种劳动争议的私力救济途径,在西方国家属于劳动 ADR (Alternative Dispute Resolution) 的一种形式,可以译为"非诉讼纠纷解决程序"。然而,在我国劳动法构建的以劳动仲裁为主的劳动争议处理制度中,劳动仲裁具有强烈的公权力属性。表现在两个方面:其一,我国劳动仲裁的范围超出了其私法的范畴。按照法律规定,劳动仲裁的范围包括劳资双方在劳动关系中产生的劳动争议,不仅包括因劳动合同中的权利义务产生的争议,还包含依劳动法律法规、集体合同、内部劳动管理规定而产生的争议,实际有着非常广阔的受案范围,另外,一些"劳动标准案件"属于涉及劳动基准问题的劳动纠纷,本没有调解的余地,而法律仍将其纳入强制仲裁的范围,使劳动仲裁更有公法意味。其二,我国劳动仲裁的机构设置和程序有着浓厚的行政化色彩。我国的劳动争议仲裁机构是按照行政区划设立的,人民政府有设立劳动争议仲裁委员会的特别决定权。而在司法实践中,劳动仲裁委员会一般都设在劳动行政部门下面,其仲裁员都是由政府部门考核发证。劳动行政部门制定仲裁规则并指导本行政区域内的仲裁工作,聘任和更换仲裁委员会委员也需要由同级人民政府核准。如此设计之下,"我国的劳动仲裁蜕变成了行政仲裁,因而往往被认定为是一种'特殊的劳动行政执法行为'……难以担当公正中立的仲裁业务。"①

第二,劳动法治中的劳动监察权已经被各级政府一般的行政权力所消解。劳动监察权是劳动法中最典型的行政权力,是法律授予的执法部门行使的执法权力。当前我国劳动监察权的范围和功能已经远非"安全的监督"的要求,法律设计上,劳动监察可以对应监控劳动领域的各个方面,可谓全方位动态的监管。从劳动保障到劳动基准,再到劳动合同,劳动监察的范畴既包括公法领域也包括私域空间。但是,劳动监察的实际效果和力度却没有达到法律设计的初衷。一方面,在劳动保障监察部门的机构设置和权力运行上,劳动监察组织由对应的劳动保障部门管理,也就是说受同级地方人民政府的领导。在这种运行模式下,劳动保障监察部门在人员配置、经费保障、工作思路上全部由地方政府控制,基于中国显著的地域差异,各地劳动监察组织也有着千差万别的工作方式和工作环境。一些地方政府基于政绩考虑,往往将劳动监察与地区经济发展相对立,可能出现的逻辑是:经济越落后的政府越迫希望切企业发展,越迫切希望企业发展越忽视甚至压抑劳动监察,而经济越落后的地区的劳动者越窘迫,也就是说越弱势的劳动者反而得到的保护越少。另一方面,劳动监察缺乏强制措施,劳动监察机构处罚用人单位违法行为的主要方式是罚款、责令改正等行政处罚措施。劳动监察员的职权也限于查阅资料和检查劳动场所的权力,并不具有震慑力的强制执行权,劳动监察组织的威慑力只能依靠同级人民政府的行政权力与影响力来配合。综上两点,劳动法上的劳动监察权,已经被各级政府的行政权力所消解。

---

① 陈俊洁:《我国劳动执法体制功能的失位与重塑》,《政法论丛》2015年第3期。

第三章　中国劳动法治模式的冲突及其消解

第三，劳动纠纷的政治化解决方式也在一定程度地消解劳动法治。很大程度上，我们依然处于用政治思维而非法律逻辑去处理社会问题的社会现实，尤其在涉及民生的敏感性问题上更为明显。如果问题能得到政府重视，行政力量会高效、迅速、直接地解决老百姓的急迫需求，那么对于老百姓而言，"引起重视"是一条绝佳的救济途径。相比之下法律专业性与程序性显得成本过高，且法律执行力较低，判决结果也很难被信服，很多人的直观感觉是，法律的"权威性"远不及政府出面。在"会哭的孩子有奶喝"的激烈机制下，上访事件、群体性事件，一次次迫使行政力量为解决民事问题而大开绿灯。在劳动领域，因劳资关系引发的群体性事件已经不容忽视。中国社会科学院法学研究所的一份调研报告显示，因"劳资纠纷"原因导致的千人级的群体事件占群体事件总数的36.5%，占"公民与社会组织间群体性事件"的69%。[1] 自2011年起，劳动群体性事件逐年增多，从2011年的185起攀升至2015年的2773起；相反地，集体劳动争议案件却逐渐减少，从2008年的21880件减少至2014年的8041件。[2] 通过这个数据可以折射出，劳动者，尤其是相对弱势的劳动者在选择劳动纠纷的解决方式上，更加倾向依靠行政力量，而愈发不信任法律手段。

劳动法的很多细腻设计与济世情怀在劳动实践中被诸多因素渐渐消解。这个问题的成因是多方面的，既有法律设计的问题，也有法律运行的问题；既有中国法律文化的历史原因，也有中国发展转型期的时代性原因，多方原因的汇聚使其成为中国劳动法治模式在实践中最重要的冲突之一。

---

[1] 数据来源于中国社会科学院法学研究所法治指数创新工程项目组：《群体性事件的特点、诱因及其应对》，李林、田禾主编《中国法治发展报告（2014）》，社会科学文献出版社2015年版，第279—281页。

[2] 参见董保华《劳动领域群体争议的法律规制》，《法学》2017年第7期。

第四章 中国劳动法治模式的反思与批判

对劳动法治模式的反思与批判应该对其进行全面审视，既有宏观的背景考察，也有微观的内涵研究；既有对现实的分析，也有对未来的预测；既有内容上的考量，也有方法上的追问；既是对劳动法的反思与批判，更是对"模式化法治"的反思与批判。本章从两个维度展开论述，一方面，将对劳动法治模式的反思与批判置于更宏大的时代性反思与批判之中——对现代性的反思与批判，以此为视角展开劳动法治模式在方法论意义上的反思；另一方面，通过描述劳动法治模式的内涵，分析模式中的劳动法与劳动实际现象的本质关联，从而展开对劳动法治模式在内容上的批判。

一　中国劳动法治模式的现代性危机

"模式"作为结构主义术语，是结构主义在阐释和说明现象时的一种重要方法论。在哲学上，结构主义的"模式化"认识方法遭遇来自解构主义的强烈批判，在更宏观的视角上，这种批判是来自"后现代性"对"现代性"的批判。"现代性"与"后现代性"是一对高度抽象且异常庞杂的思想范畴。其之所以抽象是因为理论界对"现代性"与"后现代性"的阐释与定位各有不同，只能在形而上的层面达成某些基本的共识。认为其庞杂是因为无论在哲学、社

第四章 中国劳动法治模式的反思与批判

会学、心理学，还是关于艺术与审美等诸多领域，都能运用"现代性"理论进行解释与认知某些内在，也都经历了对"现代性"的反思、批判。可以说"现代性与后现代性概念构成的不是一般的认识网结，而是观察、理解我们的现代社会的一个重要视点。"① 基于此，将对劳动法治模式的研究置于现代性研究之中，将其遭遇的批判与反思，视为一种"劳动法治模式的现代性危机"更有利于对劳动法治模式的全面审视。

一般而言，劳动与劳动法的现代性主要可以体现在以下几个方面：劳动意义的"元叙事"② 方式、劳动关系范式的标准化、劳动法的体系性与科学性。劳动与劳动法的现代性危机也基本体现在这几个方面，可以概括为意义的消解、标准的崩塌、理性的式微。

（一）意义的消解

"元叙事"是现代性的重要特征，利奥塔在《后现代状况：关于知识的报告》一书中甚至将"元叙事"看作"现代性的标志"③。具体而言，在启蒙运动之后，"追求理性与自由的进一步解放"成为了一种人类的共同理念和事业；在资本主义的发展中，"通过科技进步和努力劳动实现人类的富有"也成为了人类追求的目标和意义，马克斯·韦伯将这种对财富的追求上升为一种"资本主义精神"，他认为创造财富"不仅在道德上是正当的，而且是应当的"④。以上通过一种先验性的目的为理念，引导一种事业的话语方式就属

---

① 陈嘉明：《现代性与后现代性十五讲》，北京大学出版社 2017 年版，第 2 页。
② 元叙事（meta narration）又称"大叙事"或"宏大叙事"，现代性的主要特征之一，是指对历史、经验、知识的一种无所不包的叙述，具有主体性、连贯性、目的性和统一性。它通过预期实现，对一个主导思想赋予社会合法性。诸如历史的进步、人类的启蒙、社会的发展等，都经由元叙事表达其正当性与必然性。
③ ［法］利奥塔：《后现代状况：关于知识的报告》，车槿山译，湖南美术出版社 1996 年版，第 2 页。
④ 参见［德］马克斯·韦伯：《新教伦理与资本主义精神》，于晓、陈维纲等译，陕西师范大学出版社 2006 年版，第 93 页。

于现代性"元叙事"。这种强势的话语方式用先验的目的与理念作为建构社会的理由和根据,从而赋予相关社会制度"合法性"。① 然而,这种"元叙事"与其构建的"合法性"正在发生危机并走向衰落。②

现代性"元叙事"的衰落带来了劳动与劳动法意义的消散。工业革命开创的现代劳动的纪元,随之产生了现代意义的劳动关系和劳动法,同时在商品经济和资本主义精神的洗礼和型塑下,劳动者信奉一套宏大的线性叙事方式:努力工作—创造财富—改善生活—实现价值。在大多数普通劳动者眼中,"创造财富—改善生活"成为了现代劳动的意义所在。从20世纪中叶开始,西方发达国家出现了对这种"意义"的质疑,比较典型的是20世纪中叶的美国文艺青年群体,他们被称为"垮掉的一代"(Beat Generation),他们摒弃传统价值、崇尚无意义生活与自由地创作。他们开启了后现代思潮,也使这种带有虚无主义和存在主义色彩的后现代思考与表达方式成为世界艺术的宠儿。这些后现代情愫曾几何时在努力建设现代化的中国人看来是西方国家的无病呻吟,是一种矫情的"现代病",但是在今天的中国,这种"现代病"正在中国青年人之中蔓延,劳动的意义正在被日益消解。

近几年一种以自嘲、颓废、麻木、放弃价值与意义为内涵的"丧文化"在年轻人中间广为流行,《光明日报》发表题为"引导青年人远离'丧文化'侵蚀"对其进行批判。③ 无独有偶,在2018

---

① "合法性"问题一般认为由德国哲学家哈贝马斯所提出,他认为,因为国家对经济和生产的干预,必然会出现越来越多的公共费用,然而在具有利益冲突的不同阶级存在的社会,公共资源的消费很难达成共识,社会文化体系与行政体系必然分离,这也加剧了合法性的危机。由此,哈贝马斯认为,晚期资本主义(后现代)必然陷入"合法性"危机。

② 在利奥塔看来,这种衰落体现在两个方面:一方面,科学和技术的发展并没有给人带来更大自由、更多的公共教育或者更多的公平分配的财富,却带来了人们对科技发展的忧虑;另一方面,科技与发展并不能提供"成功"的标准,并不能说明什么是成功的,或者为什么"成功"是需要被追求的。

③ 夏之炎:《引导青年人远离"丧文化"侵蚀》,《光明日报》2016年9月30日。

第四章 中国劳动法治模式的反思与批判

年以摒弃物欲、放弃奋斗、尊崇内心为内涵的"佛系"文化被大量中国青年尤其是青年劳动者奉为圭臬，这种清心寡淡的生活态度在物欲横流的社会看似为一股清流，但是其在青年人中有如此广泛迅猛的影响是值得审视和注意的一种文化现象。无论是"丧文化"还是"佛系"文化的流行都不是偶然发生的，在邻国日本，青年人怠于工作、放弃奋斗已经形成一种较为普遍的社会现象。日本管理学家大前研一称，日本已经进入"低欲望社会"[①]。甚至连有日本"日元先生"之称的经济学家神原英姿也称"像日本这样成熟的国家，即便是零增长或是负增长，也是不坏的事情。他要日本人远离'增长志向'"[②]。这是一种对现代性价值与意义的批判、反思与重构，是现代化发展的必然阶段，也属于后现代思潮的一种表现形式。

在当代中国，对劳动意义不同程度的消解也已发生，其原因有两个方面：其一，中国即将全面建成小康社会，迎来走向共同富裕的新时代。物质上的绝对贫穷已经成为中国人过往的记忆，生存危机正逐渐解除。随着财富蛋糕的日益做大，人们对物质的追求与欲望必然遵循边际效应规律而递减[③]，当享受社会救济的人群与工薪阶层，甚至与社会精英在吃穿用度等物质层面的差距愈发缩小的时候，"努力工作—创造财富—改善生活—实现价值"的元叙事方式与现代劳动的意义就难免遭遇质疑。其二，社会分工的精细化与专业化是现代性发展的必然趋势，这种趋势带来的另一个结果是社会

[①] 大前研一认为，日本的低欲望社会可以表现在四个方面。第一，年轻人不愿意背负风险独立买房子。第二，晚婚化、少子化，人口持续减少，导致人力不足，同时又面临人口超高龄化的问题。第三，丧失物欲、成功欲，对于"拥有物质"毫无欲望。第四，国民持有大量金融资产，企业也有高额的内部准备金，却未能有效运用资金。无论是货币宽松政策或是公共投资，无法提升消费者信心。参见大前研一《低欲望社会》，东京：小学馆 2015 年版。

[②] 参见《低欲望的日本人》，《在为什么而活着》，http://www.sohu.com/a/217031574_507119。

[③] 边际效应（Marginal utility）是现代经济学发现的一个重要规律。它的基本内容是，在一定时间内，在其他商品的消费数量保持不变的条件下，消费者从某种物品连续增加的每一消费单位中所得到的效用增量，即边际效应是递减的。

阶层的固化。随着中国现代化程度的不断提高，社会阶层流动愈发困难，青年人通过自身努力改变命运的情形并不多见。在这两种因素的作用下，积极的劳动失去了内在主要动因，劳动的现代性价值与意义在年轻人心中被解构、批判和超越，虚无、寡淡的生活态度逐渐消解着勤奋劳动与创造财富的生活意义。在我们迎接一个现代化新时代的同时，"意义的消解"是各个领域需要正视的现代性问题。

（二）标准的崩塌

随着"元叙事"的衰落，"元叙事"框架下的"标准化思维"在后现代思潮中遭受质疑。"标准"在劳动法中具有重要意义，正是因为"标准"的存在，现代劳资关系的范式与现代劳动法的科学性才得以建立。现代性不仅需要标准化的机器零件和标准化的产品规格，也需要标准化的行为模式，甚至标准化的普适价值。在这种"标准化"的需求中，人从一个独立的个体异化为标准化的劳动者，再被现代劳动法施以标准化的保护和约束。这种"标准化"背后的逻辑基础是：第一，人需要集中劳动才能创造更多的价值；第二，在集中劳动的过程中人异化为机器中的一个零件，这台机器也就是用人单位；第三，用人单位与这个社会对接，再成为社会机器中的一个零件。这中逻辑基础是现代劳动法保护劳动关系的内在原因，劳动者、用人单位与社会在这种逻辑下有机地结合在了一起，最终也是在这种逻辑下，"现代的人"成为了马尔库塞口中的"单向度的人"[1]。

---

[1] 马尔库塞认为，发达的工业社会（现代性）压制了人们内心中的否定性、批判性、超越性的向度，使这个社会成为单向度的社会，而生活于其中的人成了单向度的人，这种人丧失了自由和创造力，不再想象或追求与现实生活不同的另一种生活。参见[美]赫伯特·马尔库塞《单向度的人：发达工业社会意识形态研究》，刘继译，上海译文出版社2008年版。

第四章　中国劳动法治模式的反思与批判

然而，这种标准与向度在当今愈发多元的互联网社会正在崩塌。传统的产业工人将逐步被机器所代替；大量的技术性工作也面临即将被人工智能代替的风险；而一些过去无法想象和定位的劳动岗位正在批量出现，如网约车司机和网络主播等；大量传统行业也正在或即将超越和冲击现有劳动关系，如网络平台共享医生、工程师、设计师等。这些现象的出现并不是孤立的，它们预示着现代性的劳动形式正在走向终结，现代性的劳动关系结构正在被颠覆。这些现象揭示了一种新的逻辑的诞生：第一，人不需要集中劳动，个性化劳动才能创造更多价值；第二，人可以通过网络平台直接与这个社会对接。在这种新逻辑下，传统用人单位的功能将逐渐转向提供平台建设与平台服务，"云劳动"将成为主要的劳动形式，当此时劳动关系制度将面临考验，同时因为现代性标准的崩塌，劳动基准制度也将被重新审视。

（三）理性的式微

现代性研究中达成一个基本共识：现代性的基本观念来源于启蒙运动的精神，启蒙运动中的理性主义精神孕育了现代性的产生。经过康德哲学的"三大批判"，理性成为了科学认识与道德自律的根据。[1] 马克斯·韦伯更将"理性化"奉为现代性的基本特征，他用理性来诠释现代化与资本主义精神，并将理性分为"工具理性"（zweckrational）与"价值理性"（wertrational）[2] 两个范畴，法律的科学化与体系化就是"工具理性"的集中表现。从本质上说劳动法的体系性与科学性遭受的现代性危机，实则是理性的式微。

---

[1] 康德在《纯粹理性批判》《实践理性批判》《判断力批判》中通过对理性的批判，确证出理性的能力及于决定什么是人类在科学上可以认识的，什么是道德上必须做的，什么是宗教信仰上可以期待的，因此理性成为了科学认知和道德自律的根据。

[2] [德] 马克斯·韦伯：《经济与社会》（第一卷），阎克文译，上海世纪出版集团2010年版，第182页。

理性是现代性的开端,而尼采对理性的批判也开启了后现代性的思潮。尼采认为:理性源于逻辑(希腊哲学中 Logos 兼具理性、逻辑与规律的意思)——而逻辑源于生活经验与习惯的积累,只是一种工具而非先验的真理——哲学家将逻辑工具包装成精致的逻辑理论并谓之理性——理性本质上是对逻辑的迷信。狂人尼采据此得出结论:"并没有什么精神、也没有什么理性、什么思维、什么意识、什么灵魂、什么真理,这一切全部都是无用的虚构。"① 在这种对理性的猛烈抨击之下,建立在理性之上的体系化与科学化的制度规范设计也随之遭受质疑与抨击。如弗雷德里克·詹姆逊(詹明信)认为:"社会已经演变成为一个由多方力量所构成的放任的领域,其中只有多元的风格,多元的论述,却不见常规和典范,更容纳不了以常规和典范为骨干的单元体系。"② 作为具有现代性精神的劳动法正是遵循这样一种固定的单元式的规制体系:"劳动关系—劳动主体—劳动合同—劳动基准—劳动保障—程序与执行",劳动法学严密的科学性也建立在这种固定的体系运行之中,充满了现代性的韵味。

现代性的劳动法律制度与其研究体系源于工业革命以来形成的劳动样态,然而传统的劳动样态已经开始形变,后现代的劳动样态逐渐显露其容貌。根据国际劳工组织(The International Labor Organization)的统计数据显示,截至 2016 年,全球大约 60% 的工人采用非全日制的就业形式③,传统劳动合同的性质已经发生变化。在新的劳动逻辑的影响下(见上文),用人单位的存在形式也将发生性质上的变异,新的"云劳动"样态愈发清晰。传统的以劳动主体、

---

① 洪谦主编:《现代西方哲学论著选辑》(上册),商务印书馆 1993 年版,第 11 页。
② [美] 詹明信:《晚期资本主义的文化逻辑》,张旭东编,陈清侨等译,生活·读书·新知三联书店 1997 年版,第 452 页。
③ International Labor Organization. World Employment Social Outlook, Trends 2016. [2017 - 10 - 20]. http//www.ilo.org/wcmsp5/groups/public/ - dgreports/ - dcomm/ - publ/documents/publication/wcms_ 443480. pdf.

劳动合同、劳动基准为视角的研究体系无法应对新的劳动样态，劳动关系的概念也需要被重构。我国劳动法以特别规定肯认了一些特殊劳动关系，如"非全日制用工""劳务派遣"等，期待在维护现有劳动法的体系性与科学性的基础上解释与应对新的劳动现象，稳定传统的劳动关系模式。但是这种期待其实很难实现，需要在深刻认识后现代劳动样态的基础上重构劳动法律思维，破除对既有体系性与科学性的迷信。

二 中国劳动法治模式的时代性失语

根据前文的研究与分析，可以通过如下内涵来描述中国劳动法治模式：第一，劳动法是经由理性构建而产生的——具有整体性；第二，劳动法有一以贯之的思想和标准化规则——具有一般性；第三，劳动法的发展进程中应该存在某种定式——具有规律性。然而，在劳动法治模式的实践之中，这些内涵却都受到了冲击，对中国劳动法治模式的描述出现了时代性失语。

（一）中国劳动法治模式的整体性失格

上文论述了中国劳动法是"国家建构主义"法，经由理性规划而产生，具有整体性特征。然而，这种立法模式是静态的，其整体性也伴随着机械性与滞后性。在人类生产方式与生活方式正在发生大变革的当代社会，劳动样态也发生着巨大变化，劳动法的立法模式及其整体性特征越来越无法满足时代对劳动法的需要，暴露出越来越多的适应性危机和不称职的现象，即整体性的"失格"。这种失格既是国家建构主义的失格，也是劳动法体系的失格。

1. 目的性失格

国家建构主义法的本质是将国家意志包裹在形式理性之下，通过科层结构与固定运行模式而生成的法律。上文在评价劳动法的国家建构主义的特征时所阐释的,该立法模式存在的诸多掣肘,这些不足的制度性根源是劳动法前行的"目的导向"与飞速变化的劳动实践生活产生的矛盾。这种矛盾是"国家建构主义"失格的根源,并且这个问题在更广阔的法律世界里普遍存在,"国家建构主义"的整体性与目的性正在经历着普遍的反思与批判。

以特定目的为导向的中国现代性劳动法,属于当代西方社会正在重新评估的"目的型法"(purposive law),他们认为现代社会冲突的复杂性与特殊性是"目的型法"无法解决的。无论是美国的诺内特和赛尔兹尼克;德国的哈贝马斯和卢曼,还是图依布纳,他们都承认法律制度的形式正遭遇现代性的危机,法律需要某种演进。

诺内特和塞尔兹尼克认为,法律的形式演进的三个阶段:压制型法、自治型法、回应型法,其中回应型法是应对法律形式危机的最后选择和演进结果。[①] 压制型法以维持秩序为核心导向,规则粗糙且对制定者约束很小,行政自由裁量权较大,法律从属于权力政治。自治型法以程序正义为导向,强调规则中心主义,严格恪守法律与政治的界限。我国劳动法正处于压制型法向自治型法的过渡阶段,但是不管是压制型法还是自治型法,都难以应对社会生活,尤其是经济生活的瞬息万变。无论是以秩序导向的,还是以规则为中心主义的法,其实效性大打折扣,法律形式主义在僵死的条文与灵活的现实面前难以有效兑现自治型法许下的正义承诺。因而回应型法的提出正是试图解决自治型法的实质正义不足而形式主义泛滥的弊病。回应型法强调实质正义,并主张去规则中心主义,规则从属于原则与政策。同时认可民间自治秩序的正当性,出现了一种法律多元主义的场景。其还强调公民的法律参与,从而使得规则具有更强的灵活性与可变性。

卢曼和哈贝马斯进行分析的理论基础在于探讨法律与社会共变

---

① 参见季卫东《正义思考的轨迹》,法律出版社2007年版,第129页。

第四章　中国劳动法治模式的反思与批判

的社会结构和进程的演化。卢曼运用一种三阶段的演化方案,"将社会区分为（a）分割的社会,（b）分层的社会,（c）功能分化的社会。对于每一种社会组织类型,他都提出了一种相应的法律秩序类型。"[①] 卢曼进步一认为所谓的法律形式危机产生于从分层社会向功能分化社会的转变,这种转变"要求"法律秩序的相应转变。现行的实在法系统不能胜任功能分化社会的复杂性。在卢曼看来,现在真正需要的不是诺内特和塞尔兹尼克所建议的增加法律的目的性和参与功能,而是增加法律制度的高度抽象性、功能主义思考和"自我反思性"。与卢曼的思路相似,哈贝马斯也揭示了社会演化的不同阶段,并分析了这些阶段中道德与法律发展之间的关系。他主张"产生于权利平等之公民的商谈性意见形成和意志形成过程的程序主义法律范式"。在这种法律范式下,"私人行动主体和国家行动主体的主动性空间不再是一种零和博弈,取而代之的,是生活世界的私人领域和公共领域这一方面和政治系统这另一方面之间的多多少少未受扭曲的交往形式"。[②]

图衣布纳在上述四人的法律演进理论基础之上提出了"反身型法"（reflexive law）概念。这是一种更具有综合性的社会与法律共变的模型和法律结构。"其特征是一种新型的法律自我限制（legal self-restraint）,反身型法并不负责对社会进程的后果予以规制,而是把自己的作用限制在对民主的自调整机制（self-regulatory mechanisms）的定位、矫正和重新阐释。"[③]

综上可见,"目的性的失格"是当下法律世界的一般性问题,西方社会对于"目的型"的正在进行全面的反思和批判,而我们也

[①] 图衣布纳:《现代法中的实质要素和反思要素》,矫波译,《北大法律评论》1999年第2卷第2辑。

[②] ［德］哈贝马斯:《在事实与规范之间——关于法律和民主法治国的商谈理论》,童世骏译,生活·读书·新知三联书店2004年版,第508页。

[③] 图衣布纳:《现代法中的实质要素和反思要素》,矫波译,《北大法律评论》1999年第2卷第2辑。

应该在对西方法学研究扬弃的基础上，重新审视中国现代劳动法。

2. 体系性失格

在劳动法建构的过程中，劳动法元素按照科层与结构形成了劳动法的体系，劳动法的体系性是劳动法整体性的前提。劳动法的体系性可以体现在：劳动法研究的体系性、劳动法规则的体系性、劳动法运行的系统性三个方面。但是，这三个方面都存在着一定程度的"失格"。

第一，在劳动法研究的体系性上，基于劳动法的五大研究视点而建构的劳动法研究体系已经落后于现实劳动样态的需求。上文对劳动法的研究视点及其结构做出的分析结论为："劳动关系"是劳动法治的逻辑核心；"劳动基准"是劳动法治的主要内容；"集体协商"是劳动法治的独有特色；"社会保险与促进就业"是劳动法治的重要补充；"劳动监察与争议处理"是劳动法治的程序保障，劳动法治最终由其实现。其中劳动法研究体系的重中之重是"劳动关系"理论，整个劳动法设计都是在"劳动关系"的基本逻辑下延展而生，劳动法的适用也是以"劳动关系"为主要依据的，可以说"劳动关系"是劳动法对现实世界的描述、解说和定义。然而，现有的"劳动关系"理论是工业文明的产物，对于传统的产业模式而言有很好的解说效果，起到了维护法律整体性和一致性的作用。但是，在信息技术与应用科学高度发达的"后工业"时代，人们的生产生活方式发生着根本性变化，劳动样态也脱离了"产业工人—企业主"的劳动样本，传统的"劳动关系"理论已经丧失了其合理性。为了劳动法研究体系的维系，我们在不断丰富和填充"劳动关系"理论，通过诸如"劳务派遣""新型劳动关系"等方式使劳动关系理论与现实生活接轨。然而这种亦步亦趋的理论修补无法从根本上解决劳动法逻辑与现实劳动逻辑的脱轨，无法改变劳动法体系失格的现状。

第二，在劳动法规则体系上，理性构建的科层法律规则体系，已经在劳动法律实践中被消解。我国劳动法律规则的体系性设计上，是以《劳动法》为一般性总论，以在不同领域适用的法律文件为特别性分则而建构的法律规则体系。虽然，这套规制体系并不理想：《劳动法》层级过低、不同法律间存在重叠和冲突，然而这种体系化的设计意图非常明显。但是在实践中，劳动法法律规则体系的设计被"法律解释体系"所替代。这里的"法律解释体系"包括最高院的司法解释、省级高院的法律解释，甚至指导性判例制度。这些来自公权力对劳动法的解释都在修改着劳动法的设计和意图，并且在实际的法律适用上，这些法律解释能更为直接地被援引，成为实质上的劳动法渊源，而理想中的规制体系则被排在了诸多法律解释之后。

第三，在劳动法的运行环节中，一些潜在规则在实质意义上充当了"劳动之法"，消解了劳动法律体系的实际作用。这些潜在的规则一方面来自不同行业的行业习惯、行业特殊需求、从业劳动者特征等因素，另一方面是在行政机关的权力运行过程中形成的。比如上文所描述的互联网行业中"996""247"的劳动模式就是一种在实践中发挥作用的潜在规则；再如上文所阐释的劳动监察权在实际运行中遭遇的与劳动法的诸多冲突，实则是行政机关在权力运行中形成的一种潜在规则。这些潜在规则互相关联，形成了一套劳动的"潜在规则体系"并消解了劳动法的规则体系。劳动"潜规则"的盛行说明了劳动法规则已经与实际情况脱节，劳动法的体系性已经失格。

（二）中国劳动法治模式的一般性失范

在劳动法治模式之中，劳动法具有一以贯之的中心思想和普遍适用的价值标准，这些都可以称为劳动法的"一般性"。然而，在劳动法实践之中，劳动法的一般性特征却失去了其普遍的适用能力和示范作用。这种一般性的失范有外在的世界多元变化原因，也有内在的设计漏洞问题。

　　上文所阐释的现代性社会的危机之一是"标准"的坍塌。而劳动法的一般性必然建立在固定的标准之上,"拟制标准"是劳动法一般性的核心。劳动法通过拟制的标准来定义和规制劳动世界,通过调适标准来适应劳动世界,用"拟制标准"来"制造"标准化的劳动者、劳动关系和劳动方式,推广标准化的普世价值。如上文所释,这种标准的成立是建立在一种逻辑关系之上的:人需要集中劳动才能创造更多的价值,是因为在集中劳动中将个体的人异化为用人单位的零件,然后用人单位作为新的个体与社会高效对接,从而创造更多的财富。在这个过程中,人们呼唤着标准的到来,用人单位需要标准化的劳动者,劳动者也需要标准化的保护,时代更需要一般性的劳动法。然而在信息技术的冲击下,新的劳动逻辑成为了现实:人不再需要集中劳动,个性化劳动才能创造更多价值,因为人可以通过网络平台直接与这个社会对接,满足社会更多元的需求。因此,劳动法的一般性就失去了其存在的基础。

　　在规则制度上,劳动法的一般性不断受到新生事物的冲击,无论是劳动者的界定、劳动关系的判断,还是劳动基准的确定,都在被现实中的新劳动现象所刷新。其中原因不仅是新行业的偶发性出现,更深层次的原因是旧时代和旧时代标准的全面瓦解。在劳动一般性最受推崇的工业革命时代,人们无法想象一个退休的老产业工人在60岁时还去工作的合理性,也无法想象劳动者如何足不出户而完成社会化的劳动内容。因为科学技术和生活环境的改变使得经验技术型劳动越来越多,也重新定义了"年富力强"的概念;因为在信息技术和应用科学的发展中,信息和关注力成为了新的生产资料,用人单位只需具备这两个新的生产资料就可以实现与劳动者的共赢,"用人单位"与"劳动关系"的概念正在被重新定义。

　　在价值取向上,劳动法还有浓重的阶级色彩和脸谱式的劳资样板,劳资利益在劳动法中是一种此消彼长的关系,在劳动法的设计中能感觉到明显的劳资对立色彩。在这样的价值取向中设计的规则既不客观也不效率，更重要的是这样的利益对立式的制度设计反而不利于劳资双方的沟通，且难以执行和落地。如果劳资双方的利益冲突和风险能适当由保险、基金等第三方分担，或者通过国家对用人单位的税收来平衡劳资利益结果，这种可以更好地兼顾各方利益的法律设计思路更符合劳动法的发展和落地。另外，"资强劳弱"是劳动法拟制的劳动假想，然而事实上"资强劳弱"虽然存在，但是一些"强势劳动者"已经形成不可忽视的劳动现象，他们掌握更多的社会资源和法律知识，成为最善于利用法律维护自身利益的群体，某种意义上他们占据了更多的劳动法资源，而真正弱势的劳动者反而很难受到法律保护。因此劳动者的强弱分别必须得到正视，一般性的无差别保护的结果势必会产生强者越强，弱者越弱的马太效应。"倾斜保护"劳动者无疑是劳动法最为显著的法律品格和价值取向，然而这种"倾斜保护"需要建立在对劳动样态深刻的分析之上，只有尊重事实的"倾斜保护"才能真正使劳动法落到实处。

（三）中国劳动法治模式的规律性失灵

在劳动法的发展中，可以总结出一些历史性发展规律，诸如：越弱势的劳动者将得到越多的法律保护；行政权力在劳动领域的影响力会越来越小；劳资沟通将越来越通畅，等等。这些规律揭示着劳动法治模式的应然正当性，也属于劳动法中的"宏大叙事"。如果将这些劳动法治模式中的规律置于周期更长、视野更广的历史环境中去审视，我们都相信规律的客观和有效，但是在当前的劳动法环境之中，这些规律似乎并没有运行，无论在程度还是方向上，似乎规律已经失灵。

1. 越弱势的劳动者会得到越多的法律保护？

劳动法及其所属的社会法学是一门旨在保护弱者的法学学科，对弱势群体的特别保护是其不变的学科特质。在劳动法的历史演变中，更能清晰地看到底层劳动者从身份关系到社会地位的变迁，最终汇入基本人权的发展洪流之中，得到更加普适的认同和保护。看上去"越弱势的劳动者会得到越多的法律保护"是一个不言而喻的法律发展规律。但是在现阶段的劳动法实践中，这个规律并未实现。

以工会的设立为例，"工会组织"是为弱势劳动者提供最低成本法律保护的重要途径。根据上文所示的数据：劳动者平均学历水平越高的企业越可能设立工会；高职称员工比例越大的企业设立工会的可能性越大；港澳台和外资企业比公有制企业更可能设立工会，其他非公企业最难设立工会；企业规模越大，历史越悠久越倾向于设立工会；企业技术革新对于工会设立也有正面影响。教育、职称、技术、企业规模这些因素都与劳动者实质上的"强"与"弱"有着直接关联，通过这个数据可以看出，越强势的劳动者越容易参加公会，受到公会保护；反而越弱势的劳动者越不容易参加公会，受到公会保护。那么，在工会保护这个角度就得到一个违背劳动法规律的结论："越弱势的劳动者反而越难以得到劳动法保护。"

"劳动监察"为劳动者提供最直接高效的保护。然而根据上文论述：在劳动监察权的实际运行中，劳动监察组织由对应的劳动保障部门管理，受同级地方人民政府的领导。"在这种运行模式下，劳动保障监察部门在人员配置、经费保障、工作思路上全部由地方政府控制，基于中国显著的地域差异，各地劳动监察组织也有着千差万别的工作方式和工作环境。一些地方政府基于政绩考虑，往往将劳动监察与地区经济发展相对立"[①]，在这种权力运行模式下，最可能出现的逻辑是：经济越落后政府越迫切企业发展，越迫切企业发展越忽视甚至压抑劳动监察，而经济越落后的地区的劳动者越窘迫，也就是说越弱势的劳动者反而得到的法律保护越少。

---

① 参见上文第117页。

第四章 中国劳动法治模式的反思与批判

"劳动合同"是劳动者受劳动法保护的关键制度,更是仲裁与诉讼环节的关键证据。然而中国最广大的弱势劳动群体——农民工群体,是劳动合同制度推广最困难的群体。根据国家统计局发布的《2016年农民工监测调查报告》中的数据,我国农民工有68.6%未签订任何劳动合同,而2015年这个数据是61.8%,也就是说未签订劳动合同的比例不减反增。一些省份的独立调查数据则更低,如陕西省2015年的农民工劳动合同签订比例是17%。一般情况下,只有包工头会与建筑商或者劳务公司签署用工协议,工人们出于老乡的关系仅与包工头有过口头协议。笔者在2018年加入一个以农民工为主的地方性QQ群,群里经常发布一些招工信息,笔者"谎称"应聘打工者拨打了6个招工电话,在笔者提到"签订劳动合同"问题时,有2位招工人直接挂断电话,有3位明确表示不签订,有1位含糊其辞,要求面谈。虽然这种方式谈不上"实证数据",但是在此过程中,笔者深感法律保护对于农民工的遥远。如果农民工连劳动合同都无法签订,那么可想而知其在权益受损后寻求法律救济的可能性之微小,这也是为什么农民工群体的救济方式多以群体性事件而收场的原因。2015年北京大学学生社团马克思主义学会微信自媒体上发布《北大后勤工人调研报告》,报告称61名北大学子访谈了100名北大后勤工人,结果发现北大36%的后勤工人根本没有劳动合同,这些未签订劳动合同的工人多为农村地区打工者。北京大学情况尚如此,其他用人单位的情况可见一斑。农民工群体作为中国最典型的弱势劳动者群体,其受到的法律保护和享受的法律资源要远远地少于其他劳动者。

"劳务派遣"是劳动法为了与实践接轨而设计的新型用工形式,劳务派遣员工相对于企业正式员工来说待遇和地位并不平等,为此2012年的劳动合同法修改了第63条,要求保障被派遣员工的平等待遇。但是这样的设计反而会使劳务派遣员工陷入更为被动的局面,企业会将原有的劳务派遣转变为劳务外包,用这种方式消解劳动法的规定。"当原有的劳务派遣转变为劳务外包时,一样的工作任务,一样的劳动者,但是却需要'劳务外包'公司相比原'劳务派遣'公司额外付出更多的管理成本,这种管理成本最终将由劳动者买单,也就是说劳动合同法第63条,最后产生的结果可能是将原有的劳务派遣员工被迫转变为待遇更低的劳务外包公司员工。"[1] 使得本来就居于弱势地位的劳动者受到的劳动法律保护更少。

2. 行政力量在劳动领域的影响力会越来越小?

从劳动法的发展进程中可以发现,随着法律的成熟和社会环境的稳定,国家行政力量会渐渐退出,而法律的治理功能会愈发凸显。西方社会经历了从古罗马时期"家长"对劳动力的绝对控制,到中世纪的国家对劳动领域强制干预的"重商主义"模式,再到近代国家力量全面退出的"自由经济"模式,最终建立了由国家、企业、劳动者三方集体协商的新机制;而中国也经历了从秦汉时期的国家全面控制劳动,到唐宋时期的承认劳动者身份,再到明清时期将国法、习惯、风俗融入劳动立法,再到中国社会主义法治体系建设的过程。在劳动法的发展中,两种文明进程都是国家力量逐渐弱化的过程,这成为了劳动法的发展规律。然而,在我国劳动法的运行越来越依靠行政力量。劳动监察已经成为一种实质上的行政权能,就连劳动仲裁都暗含着行政权力的影子,蜕变为一种行政仲裁。在实践中,行政力量经常成为比法律更加直接有效的救济方式被人们所认可,尤其是当法律不能为弱势群体提供保护时,以"上访"为代表的政治路径成为了劳动者解决问题最为"有效"的途径,然而对于国家而言,这种路径却是效率最低、成本最高的。行政力量代替司法途径解决劳动争议具有很多危害,甚至形成了一种恶性循环:劳动者上访—行政力量干预—劳动法不能反思进步—行政力量无法真正退出。

---

[1] 参见上文第97页。

3. 劳资沟通将越来越通畅？

劳资协商是现代社会化解劳资冲突的重要手段，也是和谐劳动的题中之义，更是我国治理能力和治理水平现代化的必然要求。劳资沟通将越来越通畅似乎不言而喻。但是，目前劳资沟通在我国的实现却充满阻碍，可以体现在以下几个方面。

第一，三方机制没有充分发挥作用。虽然我国从国家到地方都建立了三方协调劳动关系机制，但是诸多问题使其无法充分发挥作用。其一，社会对三方机制的作用和功能认识不到位，很多三方委员会的建立是为了完成上级任务，并没有发挥其真正作用。其二，在三方机构的设置上形式主义明显，省市级的三方委员会设置规范但实用性差，而真正能发挥作用的基层委员会的设置非常随意，三方的代表性不够充分。其三，机构设置后缺乏专业性，协商水平低，协商意愿不强，协商结果缺乏执行力。

第二，集体协商陷入制度性和结构性的难题。目前我国的集体协商主要有两种方式，一种是由政府主导的劳动关系双方协商或签订集体合同的行为；另一种是劳动者通过罢工等集体行动推动双方集体协商谈判的行为。前者属于"强制型制度变迁"后者属于"诱致型制度变迁"。这两种制度"要么缺乏制度实施的原动力，要么缺乏制度实施的正当性"[①]。

政府主导的集体协商过分追求集体合同的高签约率，反而严重忽视集体协商的过程和内容，把集体协商当作完成任务的"走过场"，劳动者的意愿无法真正地体现在集体协商之中，这样的集体合同的实施效果自然不佳。实践中，大量的集体合同并未发挥其应有的效力，究其原因主要是集体合同签订时就脱离实际，内容空洞所致。"集体合同"沦为了政府、企业和工会的一种"业绩证明"。

劳动者自发的集体行动也存在着很多问题。首先，劳动者集体

---

① 林嘉：《劳动法视野下社会协商制度的构建》，《法学家》2016年第3期。

行动呈现非常态、无规范状态。工会实践过程全面失职，罢工多为劳动者自发组织。其次，"罢工"作为劳动者实现协商的途径，只能适用利益争议，迫使企业与其协商利益分配问题，而权利争议只能通过仲裁或诉讼来解决。但是我国劳动者不论权利争议还是利益争议都希望采用罢工的渠道来达成，这在根本上是无法实现的。最后，劳动者自发的集体行动或罢工的行为，究竟是合法还是违法？通过自发的罢工推举出的非工会方面的"劳动代表"其合法性困局[①]如何破解？这些疑问都困扰着劳资沟通，"劳资沟通越来越通畅"与实践不符。劳动法治模式中的大量应然规律在劳动实践中出现失灵。

三 "后疫情时代"劳动生活面临的新问题

2019年末，新型冠状病毒开始传播，随后开启了其在世界范围内的大流行，世界卫生组织将其命名"COVID－19"。"COVID－19"的出现深刻影响了全世界的经济生活与社会生活。从2019年末到2022年末，我国政府秉持"人民至上、生命至上"的理念，施行了较为严格的疫情防控政策，本书姑且称之为"疫情防控时期"。随着疫苗接种率、"COVID－19"致死率等疫情形势发生变化，自2022年末我国的防疫政策也开始发生调整和变化。2022年12月26日，国家卫生健康委发布《关于对新型冠状病毒感染实施"乙类乙管"的总体方案》，《总体方案》明确指出，2023年1月8日起，对新型冠状病毒感染实施"乙类乙管"——本书认为，至此

[①] 《集体合同规定》第20条规定："职工一方的协商代表由本单位工会选派。未建立工会的，由本单位职工民主推荐，并经本单位半数以上职工同意。职工一方的首席代表由本单位工会主席担任。工会主席可以书面委托其他协商代表代理首席代表。工会主席空缺的，首席代表由工会主要负责人担任。未建立工会的，职工一方的首席代表从协商代表中民主推举产生。"因此，对于有工会组织的单位，如果要自行推选代表，使其具有合法性存在困局。

第四章　中国劳动法治模式的反思与批判

可以称之为"后疫情时代"。

(一)"后疫情时代"催生新的劳动样态

"线上办公"概念，伴随着 2020 年 COVID-19 流行开始迅速兴起。在 2020 年之前，"线上办公"还在可行性层面进行探讨，而疫情的出现催化了这个进程。在相关配套技术和防疫政策的双重作用下，"线上办公"模式在部分第三产业得到应用。线上办公不仅仅是工作形式的变化，其对传统劳动样态有着颠覆性的改变。这种改变可以体现在以下几个方面。

第一，"线上办公"将改变传统的劳动关系模式。在传统的劳动关系模式中，劳动者对用人单位产生的依附性具有强烈的时空特质，即用人单位通过间接控制劳动者的工作时间实现劳动者对用人单位的人身依附性。正是这种时空特质使得劳动关系具有排他性变得合理，同时也是支撑劳动法区别于民法进行倾斜保护的重要理由之一。但是"线上办公"的出现打破了这种时空特质，在一些工作领域，线上办公模式消解了"岗位"的意义，传统的企业管理方法也随之失去意义。最适合线上办公模式的办理方案变成了设置工作"任务"和工作"节点"，这样在一些工作领域"岗位"就逐渐被"任务"所替代。如果"岗位"可以转化为线上完成的"任务"，那么在现有劳动法体系之下，用人单位将越来越多地用"合作外包"或"劳务派遣"代替传统的劳动关系，传统的劳动关系的解释力进一步弱化。在最为广阔的第三产业中，那些企业主会很快发现，如果能将工作任务量化并进行分解，那么将节约大量的成本——传统的办公地点成本与传统劳动关系成本。在实践之中，不断出现的便捷化工具和服务公司正在帮助企业主转变管理模式，如果用一个词概况这些"工具"，那个词就是"平台"。越来越多的公司开始"平台化"或进入"平台化"的生态之中。

举一个例子。笔者曾经深度参与到一个公司的运营之中，该公司建立了一个人才平台，平台上的人员与该公司是合作关系而非劳动关系，其间签署"经纪合同"。（本质上是一种委托合同）该公司接受任务，然后向平台人员发放。可见，在核心业务板块其采用的是平台思维。而在该公司的其他多个领域，该公司仍然选择将劳动量化后外包给其他公司。比如设计板块就外包给一个设计公司，而这个设计公司仍然没有设计师雇员，这个设计公司是一个"设计师平台"。一个平台套着另一个平台，大量人员参与到这个经济活动之中，但是他们都不在传统的劳动关系理论之中。这个例子发生在疫情之前，可见，"平台化"的生态系统和环境需求在疫情之前就已经很旺盛，线上办公只是它的催化剂。

　　第二，"线上办公"进一步促进了劳动逻辑的转变。上文中提到，现代化劳动得以成立的基础和前提可以概括为：人需要集中劳动才能创造更多的价值，即"一加一大于二"——因此人们集中劳动并异化为用人单位的一个零件——用人单位与这个社会对接开展经济活动。自工业革命开始，这种逻辑在经济上是成立的，也成为劳动法理论的工具理性支撑。但是线上办公的兴起，让部分行业——无论是企业主还是劳动者，都切实感受到了线上办公的优势。线上办公让企业成本变低，让部分劳动者感觉更自由，更有效率。部分劳动者在线上办公的背景下其价值反而被放大了，换言之，其生产力得到了进一步的解放。这也又一次印证了工业革命以来的传统劳动逻辑已经失效，新的劳动逻辑是：人不需要集中劳动，个性化劳动才能创造更多价值——每一个个体都可以通过网络平台直接与这个社会直接对接。那些平台化的企业都会遵从这个逻辑，他们成为帮助个体与社会对接的工具，越来越多的传统用人单位的功能将逐渐转向提供平台建设与平台服务。从根本上讲，"个性化劳动才能创造更多价值"的真正原因是现代性危机带来的标准危机，个性化需求呼唤个性化的供给。然而传统劳动模式的巨大惯性仍然裹挟和保护着传统的劳动关系和工作模式，但是，疫情的出现和线上办公的兴起就像踩了一脚急刹车,让越来越多的人意识到劳动逻辑已经发生转变。

第三,"线上办公"让劳动和生活的关系越发模糊。在80年代,"上班"与"下班"是一对充满仪式感和确定性的词语,它清晰地划分着劳动与生活的边界。在那个电话都尚未普及的年代,下班或休息日代表着劳动者将与社会化劳动隔绝,因为社会化劳动仅仅只能发生在特定工作场景之中,工作时间与工作场景高度重合与绑定。但是随着通信技术的进步,尤其是移动电话和互联网的普及,人们的社会化劳动正在脱离工作时间和工作场景——数字技术让一切在线化,导致工作与生活的界限越来越模糊。具体而言,现在我们在非工作时间可以随时收到工作信息并进行回复或处理。

以当下的中国职场为例,微信已经介入到每个人的私人和公共生活之中,而随时回复微信也已经变成了一份工作必备项。对于那些可以实现线上办公的岗位来说,随时回复微信就意味着随时处于工作或待命状态,这使得工作与生活在时空上高度重合,工作与生活的边界正在模糊。虽然世界上很多国家出台了相关法律,试图通过制度层面改变这一趋势,比如法国政府在2017年1月出台了一项新法,赋予上班族下班后"断网权"(right to disconnect),工作时间之外可以拒绝工作邮件或电话。但是效果并不理想,有调研表明有48%的法国雇主希望员工能够在下班时间里随时候命。格兰西部大学的学者朱丽叶·詹恩曾经发表了关于"隐形加班"的观点,一时引发关注。在她看来,发达的移动设备和社交软件,无形间拉长了工作时间。她主张,"通勤时间处理工作电子邮件,应该计入工作时间"。她认为现状和未来趋势都不容乐观,研究结果暗示关于工作和生活的讨论将变得越来越复杂,如何划分公私界限会成为前所未有的难题。随着灵活办公的广泛应用,社会和企业需要引入更多的监督和生产力问责制。

笔者认为,远程办公似乎是一种趋势,因为其高度符合效率价值,在经济规律的作用下终将被人们选择和接受。无论是"断网权"还是"隐形加班"都不能从根本上对其进行抗制。而在技术层面现行接受并等待配套成熟后再加以规制似乎是比较可行的方案。比如在微信之后,市场推出了"钉钉"软件、"企业微信"等,这类工作性质明显的媒介的出现和发展是人们自然选择的结果,也能从一定程度上解释新的工作与生活界限。

(二)"后疫情时代"劳动法面临的新问题

"后疫情时代"劳动法面临的新问题主要有两大类。一类是基于劳动新样态而产生的劳动法新问题;一类是基于中国的社会经济现实需求而出现的劳动法的"新任务"。第一类问题主要体现在对劳动法理论提出的挑战,第二类问题主要体现在对劳动法适用和解释等技术层面提出的时代性需求。

上文所说的劳动新样态主要指平台劳动和线上劳动的劳动新形式,以及它们所蕴含的劳动新思维。这种新的劳动样态对劳动法的两大理论板块产生着巨大冲击:"劳动关系理论"和"劳动基准理论"。

本书认为"劳动关系理论"的合理性基础包括:1. 劳动关系因彼时社会化劳动天然的时空一致特征而使其天然地具有一定的排他性——一对一的劳动关系在大多数情况下是当然的——此为实践中的合理性。2. 劳动者与用人单位间具有强烈的依附性且强弱力量失衡——需要构建区别于一般合同关系的劳动关系从而进行特殊保护——此为价值上的合理性。3. 经济学意义上的效率以及社会管理意义上的稳定之需要——稳定的劳动关系有利于社会化劳动的进行与社会治理——此为工具上的合理性。

那么新的劳动样态是否动摇了"劳动关系理论"的合理性基础呢?

首先,一对一的劳动关系在实践之中已经不再是"当然"的,因为如上文所言,社会化劳动天然的时空特征已经被线上劳动所消

第四章 中国劳动法治模式的反思与批判

解。雇主对员工的要求也将从"时空要素导向"转移到"任务导向"。在很多领域，传统的"岗位"概念正在被"任务"和"任务节点"所取代。在这种背景下，一个劳动者可以同时为多个用人单位完成工作的情形可以实现且将越来越多。因此从实践角度，继续维系传统劳动关系理论并不具有当然合理性。

其次，劳动关系理论在价值上的合理性需要进一步阐释和论证。第一，在市场经济繁荣的当下，公司法人的成立非常便利，公司与劳动者的关系强弱并不绝对。用人单位并不当然强势，劳动者也并不是当然弱势。第二，在新劳动样态的影响下，劳动者与用人单位的依附性逐渐弱化。如上文所示，当"岗位"被"任务"代替时，用人单位与劳动者之间"管理与被管理"的关系将逐步转变为"合作关系"。然而，即便如此，劳动关系理论仍然存在其价值意义上的合理性。因为即便现实之中出现用人单位是"弱势"而劳动者较为"强势"的局面，倾斜保护劳动者仍然是合理的。因为保护用人单位背后是保护其财产性权益，而保护劳动者背后则包括保护其人身性权益与财产性权益。因此在价值层面，劳动关系理论仍然具有合理性，但是需要进一步阐释和论证。

最后，在工具意义上，劳动关系理论仍然承载着一定社会功能和任务。在我国，劳动关系理论与社会保障机制息息相关，互为配套，甚至关乎税收制度。在现行制度框架下，只有在劳动关系理论的作用下明确用人单位，才能顺利地进入社会保障的大厦，诸如养老保险、工伤保险、医疗保险等，是否有明确的用人单位实际效果完全不同。在国家税收领域，用人单位在发工资时的代扣代缴是个税的主要来源，也是公司账务的重要环节，劳动关系理论的应用已经嵌入了很多税务环节之中。可见在当下的环境下，劳动关系理论在工具意义上具有一定的合理性。然而值得思考的是：解决社会保障和税务问题是否有替代方案，是否有新的工具来解决其问题，以上问题是否应为劳动法的潜在责任和当然义务。

如果说新劳动样态对"劳动关系理论"的影响比较隐晦和间接，那么其对"劳动基准"的影响则更为直接。

"劳动基准理论"一直以来都是劳动者最后的保护屏障，劳动基准是指国家以强制性规范规定的关于工资、工时、休息休假、劳动安全卫生、女职工和未成年工特殊保护等方面的最低劳动标准，在全国范围内为劳动者权益划定一条不可逾越的底线，以限制劳动关系双方的契约自由，保障劳动者应当享有的最低程度的劳动权益，最终实现对"人"的关怀，防止"人"在劳动中被"异化"。劳动基准包含两个含义：第一，有明确的劳动条件，一般是指为了保障劳动者实现其劳动过程，用人单位为其提供的各项保护措施和办法；第二，劳动条件有最低标准，是指为了保障劳动者最起码的劳动条件，而规定的最低限度的措施和要求。目前劳动基准的主要内容包括，最低工资制度、工作时间制度、休息休假制度、劳动安全卫生制度等。其中"工作时间制度"和"休息休假制度"都是围绕着劳动时间而展开的，其预设的前提是：劳动时间与个人时间是不同的，社会化劳动只发生在劳动时间。随着第三产业愈发发达，纯粹的体力劳动逐渐被机器所替代，以事务性工作和专业性工作为代表的"脑力劳动"占据主要的劳动力市场，劳动基准的设计则更加倾向对劳动时间的限制。然而正如上文所说，劳动和生活的界限随着线上工作的开展而愈发模糊，劳动时间和个人时间的界限也愈发模糊。以劳动时间为条件而展开的劳动基准设计正在被新的劳动形态所解构，劳动基准板块急需新的设计方案。

在理论层面的挑战之外，新的劳动样态对劳动法适用和解释等技术层面也有着重大的影响，或者说提出了时代性需求。这里所说的"时代性需求"体现在如下几个方面：1. 需要重新对劳动模式进行类型化区分；2. 需要劳动法具有保护经济稳定发展的功能；3. 需要劳动法在解释与适用思路上更具"温情"。

首先，新劳动样态的工作者由于工作形态的特殊性，劳动法如

第四章 中国劳动法治模式的反思与批判

何对其进行分类和判断就成为了一个难点。以平台经济为例，平台经济中的外卖骑手、网约车司机等是否应该被认定为劳动者，其与平台的关系是否属于劳动关系等都需要进行重新评估和解释。如果用传统的劳动关系模式去评价平台经济中的劳动模式，一般存在以下几种类型的劳动形式：第一种是劳动者与平台经济企业之间的直接雇佣关系，在这种情况下，劳动者通过平台技术与企业签订劳动合同，由企业支付劳动者的工资，同时也承担一定的社会保障责任。这种关系与传统的劳动关系类似，受到传统劳动法的规范。第二种是劳动者与平台经济企业之间的委托关系，在这种情况下，劳动者与平台经济企业之间没有签订正式的劳动合同，但是劳动者可以在平台上接受企业发布的任务，并按照规定完成任务获得报酬。在这种情况下，劳动者通常被认为是自由职业者，不受传统劳动法的规范。第三种是劳动者与平台经济企业之间的中介关系，在这种情况下，平台经济企业只是提供一个平台让劳动者与雇主进行沟通，劳动者与雇主之间的关系是直接雇佣关系。在这种情况下，劳动者与平台经济企业之间不存在劳动关系。

线上劳动则是对新劳动样态另一个维度的解释。一般情况下线上劳动是指在互联网平台或数字化环境中完成的各种工作，包括但不限于远程办公、网络销售、网络客服、软件开发、网络授课等，在某些情形下，线上劳动与平台劳动可能存在重合。线上劳动在一定程度上改变了传统的劳动关系和劳动方式，对劳动法的适用和解释带来了一些新的问题和挑战。传统的劳动法多数规定适用于传统的线下劳动关系，而对于线上劳动关系的法律适用并没有明确规定。线上劳动通常涉及地域、时间、劳动报酬等方面的不确定性，这对劳动法的适用和解释提出了新的挑战。在对劳动者的权益保护方面，在线上劳动中，劳动者可能会面临不同于传统劳动的一些风险和问题，例如劳动强度难以衡量、缺乏劳动保障、缺乏工会保障等。因此，在线上劳动领域中，劳动者的权益保护成为了一个重要问题。在企业的劳动法规合规方面，随着线上劳动的普及，越来越多的企业或组织利用互联网平台或数字化技术来组织劳动，但是在这个过程中如何对劳动法进行解释和适用是一个关键性技术问题。

其次，经历了疫情对经济的影响，劳动法一定程度上需要承担恢复经济，保障民生的时代性功能。疫情期间，我国采取了多项措施来保护劳动者与用人单位的关系。一方面，各地政府出台了各式行政法规，大多围绕着维护即成的劳动关系展开的，一般都要求用人单位暂时减少、延长或解除劳动合同。随后国家部委层面也出台了《防控新冠肺炎疫情期间劳动关系管理办法》，要求用人单位严格遵守劳动合同，不得以疫情为由随意减薪、延期支付薪资、解雇员工等。此外，为帮助受疫情影响的企业改善劳动者的工作和生活条件，政府还提出了健全和谐劳动关系的担保机制。另一方面，从宏观政策上，我国政府出台了多项政策，为用人单位提供贴息贷款、减税降费、延期缴纳社会保险费等政策，以降低企业经营成本，减轻用人单位经济负担，保护企业正常生产经营，保护劳动者的就业岗位。总之，在疫情期间这一系列旨在稳定劳动关系的政策措施可以总结为五个方面：1. 延长劳动合同期限（对于因疫情影响无法按时办理劳动合同续签手续的，可延长合同期限至疫情解除）；2. 推迟企业缴纳社保费（对于受疫情影响暂时无法按时缴纳社保费用的企业可以申请缓缴或分期缴纳）；3. 支持企业稳岗（各级政府推出了一系列稳岗政策，包括提供就业补贴和减免企业社保等，鼓励企业不裁员或尽量减少裁员）；4. 引导企业灵活就业（政府推出了一些政策鼓励企业采取灵活用工方式）；5. 保障劳动者权益（政府加大了对劳动者权益保护的力度，加强了对违法用工、拖欠工资等现象的查处力度）。这些政策的实施，有助于缓解企业经营困难，减少劳动关系稳定性问题的出现，保护劳动者的权益，促进社会和谐稳定。中国政府在疫情期间努力平衡劳动者与用人单位关系，通过出台法律规定和政策措施，不仅保护了劳动者的合法权益，同时

第四章　中国劳动法治模式的反思与批判

也为用人单位提供了更好的支持和保障,努力保护劳动者的就业。

在这种时代背景下,后疫情时代劳动法仍然应当积极地保护劳动关系的稳定,以促进和谐的劳动关系的形成和维护。具体而言,是要在注重强化劳动者权益保护的同时加强劳资关系协调。在疫情期间,企业和员工之间的劳资关系出现了一定程度的矛盾和不稳定性,劳动法需要加强对劳资关系协调的规定和制度,例如鼓励劳资双方通过协商解决矛盾,建立和谐的劳动关系。另外,推进灵活就业制度改革,也是后疫情时代对劳动法的时代需求。疫情期间许多企业面临着临时性用工的需求,灵活就业成为了一种趋势,劳动法需要在保护劳动者权益的前提下,推动灵活就业制度改革,让更多的劳动者能够以不同形式参与就业,创造更多的就业机会。

最后一点是在后疫情时代,劳动法的解释与适用思路应该更具"温情",更多地考虑到劳动者的实际情况和权益,更多地进行人文和情感上的关照。这是因为疫情对劳动者的生计、权益乃至精神状态都产生了较大影响,需要政策的支持来稳定劳动关系,保护劳动者的权益,促进经济发展。在某种意义上,这也是劳动法对企业内部事务介入的一种深入。这种"温情"可以从几个方面体现。

比如,如何解释因疫情产生的劳动者权益受损问题。如无法返岗的情况下如何保障工资收入问题。疫情期间,一些地区出现了封城、封村等措施,导致部分员工无法返岗工作。在这种情况下,雇主和员工之间的关系容易产生矛盾。对于这种情况,政策制定者需要在劳动法的适用上给予更多的"温情",让雇主为无法返岗的员工保障工资收入,避免员工因疫情而失去收入。再比如疫情期间的加班问题。在疫情期间,一些企业需要加大生产力度,增加员工的工作时间,以保障生产。这时,劳动法中的加班规定也需要更具"温情"。例如,政策制定者可以调整劳动法中的加班计算规则,减少员工的工作时间,确保员工在保障企业生产的前提下,不过度超时工作,保护员工的身体健康,毕竟疫情让全民重新审视健康问题，可以说深刻地改变了中国人的理念。还有就是疫情期间的用工问题更多考虑帮助企业渡过难关，避免裁员，维护劳动关系稳定。这些解释某种程度上限制了企业的自主权，属于对企业事务的更深介入。

（三）"后疫情时代"劳动法的应对思路

劳动法应该至少从三个方面回应"后疫情时代"。一是更具人文关怀和人伦情感；二是更具科技性和时代感；三是需要直面劳动法中的理论困境。

近期在裁判文书网上公布的一则案例非常具有代表性。

2021年3月、4月职工王某某未出勤，以照顾家人等为由请休的事假，并通过钉钉系统请休假期。但是公司行政人员孙某拒绝批准王某某4月11日、12日事假时，在钉钉系统附言称："……我司认为照顾家人已不能成为你请假的正当理由，故不同意你的事假申请"。2021年4月11日王某某回复称："我请问您，我照顾家人是不正当理由吗？我想再问一下什么是请事假的正当理由？公司认定的请事假的正当理由是什么？""孙经理，您要没什么问题的话我就继续休事假了。"2021年4月12日孙某回复称："……如果您不按照您的排班到公司上班，将按照公司考勤管理规定记录并处罚。"

2021年4月15日，王某某向行政人员发送微信称："孙经理，我的事假正常提交了钉钉申请，家中老大手术，老二刚出生无人照料，母亲住院，父亲身体不好，全是我一个人在打理，无法上班，请问公司不批我的事假的理由是什么？"

孙某回复称："您的带薪假期（陪产假、本年度的年假）及本月的调休假，公司均已批准，并且您已休假结束。另外，公司考虑到您的情况，已追加批准您多天的事假。您身为公司的展厅经理一职，在您休假期间有很多工作未能完成，并积压至今。公司要求您尽快返回岗位，履行您的职责。希望您能理解公司。"

第四章 中国劳动法治模式的反思与批判

王某某回复称:"谁都有紧急的事,家里没事我也不会请假,请假手续我也向领导报批了,履行了请假手续,所以公司认为我是旷工没有法律依据的,我不属于无故缺勤","我已经履行完请假手续了,事假我肯定要请的,家里这么多事,公司有规定请假天数吗?规定什么情况不可以请事假吗?另外带薪假期在哪呢?"

2021年4月15日公司向王某某邮寄《限期返岗通知书》,载明"请你于2021年4月16日按时到岗上班,并向公司人资行政部解释无故未出勤的原因。若你到期仍未能给出合理解释,将视为你旷工,公司有权力依据《员工考勤及请休假管理制度》按照旷工给予相应处分。"王某某未回岗工作。2021年4月19日公司向王某某作出《解除劳动合同通知书》。双方由此发生劳动争议,王某某申请仲裁要求公司支付违法解除的赔偿金,仲裁委裁决驳回王某某的仲裁请求。王某某不服仲裁裁决结果,提起诉讼。诉讼过程中,王某某表示经过考虑,其变更诉讼请求为要求公司支付解除劳动关系经济补偿金96000元。

在本案中,法官认可了"用人单位对劳动者事假的审批管理,属于用人单位行使用工管理权的范畴"。但是同时提出,"用人单位应当依法保障劳动者权益,合理审慎地行使事假审批管理权"。判决书中写道:"事假制度所保障的对象,是劳动者处理个人紧急事务、或非本人不能处理的家庭事务等情形下的相关权益……此种权益是正当且必要的。如果事假引发的争议衍化到辞职辞退层面,则进而影响到劳动者的劳动就业权。因此,用人单位应当合理审慎地行使事假审批管理权。"

法院在查明事实后判断:"……除了向用人单位请休事假照顾家庭之外,可能都没有更周全的选择。可见,王某某选择向公司请休事假,既是履行法定职责的需要,亦是遵守人伦道德的体现。面临以上遭遇的情形下,王某某请休事假的事由显然是必要合理的……用人单位在行使用工管理权时,既应遵守国家法律法规的规定,还应注重企业社会责任,加强对困难职工的人文关怀,弘扬社会主义核心价值观和中华民族传统美德,以此构建和谐稳定的劳动关系。"最终,劳动者通过诉讼得到了相应赔偿。

可见,后疫情时代的劳动法律实践中,劳动法在对具体问题的法律解释更注重人文关怀和人伦情感,对劳动者的关照更加细致,对企业内部事务管理的介入也愈加深入。此外,在疫情期间,许多企业面临着裁员、减薪等困境,这也导致了一些涉及劳动纠纷的案件增加。在处理这些案件时,会更加温和。在涉及裁员问题的案件中,劳动法在解释和司法实践中更加注重社会责任和人文关怀,例如鼓励企业采取积极的再就业措施,提供培训和咨询服务等,以减轻劳动者的失业压力。在处理减薪问题的案件时,劳动法也会更加注重保障劳动者的基本生活需求和尊严,避免对劳动者造成过度的经济损失和心理压力。另外,在涉及职业病、工伤赔偿等问题的案件中,劳动法的解释和司法实践也更加注重对劳动者身体健康和安全的保护,同时也更加关注劳动者和企业之间的人伦情感,促进双方和谐共处。后疫情时代,劳动法在对具体问题的解释和司法实践中更加注重人文关怀和人伦情感,这有助于保障劳动者的权益和尊严,促进劳资双方的和谐共处,同时也符合社会责任和人类文明进步的要求。

第二个层面是如何让劳动法更具"科技性和时代感"。在后疫情时代,劳动法更要与时俱进,更好地适应劳动市场,也要从全球化、数字化、人工智能等方面考虑劳动法的应对策略,尤其是以ChatGPT为代表的人工智能产品问世后,劳动法更要积极地拥抱科技于时代。具体而言,可以从以下几个方面思考:第一,更加关注劳动法与社会现实的接轨情况。在疫情期间,劳动法需要面对新的形势和新的问题,例如远程办公、在线劳动等。因此,劳动法的研究者需要更加关注劳动法的实践适用情况,及时修正或完善现有法律体系,使之更加符合实际需要。第二,更加注重国际比较和全球视野。疫情期间，全球范围内都出现了对劳动力市场的冲击，各国对劳动法的调整和应对也不同。因此，劳动法的研究者需要了解其他国家的劳动法制度，通过国际比较和交流，寻找更加科学合理的劳动法调整和应对策略。第三，更加注重数字化和人工智能对劳动关系的影响。在数字化和人工智能时代，许多传统的劳动关系已经发生了改变，例如远程办公、平台劳动等。后疫情时代劳动法的研究者需要更加关注劳动法与实际的接轨情况，并且要从全球化、数字化、人工智能等方面考虑劳动法的应对策略，以适应时代发展的需求。同时注重推进数字化劳动法律服务。在疫情期间，由于社交距离的限制，许多人不得不采用线上办公和线上服务的方式。这也促进了数字化劳动法律服务的发展。后疫情时代，应进一步推进数字化劳动法律服务，提高劳动法的知晓率和便利度。例如，可以推广在线咨询、在线申诉等服务方式，提供更为便捷的法律服务。此外，可以借助人工智能技术，提供更为精准和快速的法律咨询和解决方案，提高劳动法的执行效率。

最后是要直面劳动法中的理论困境。随着新型经济和新型就业形态的兴起，传统的劳动关系理论逐渐不能满足对劳动者权益保护的需求。因此，对传统劳动关系理论进行重构已成为必要的课题。第一，需要对"劳动者"概念进行重新定义。在传统的劳动关系中，劳动者是指那些通过签订劳动合同，在雇主指导下履行工作职责的人。但是，新型经济和新型就业形态中，往往存在一些自由职业者、零工、虚拟劳动者等不同于传统意义上的劳动者，他们的工作时间、工作地点、工作方式和报酬等都具有更大的灵活性和多样性，需要对这些新型就业形态的劳动者进行更加细致的划分和分类。第二，需要对劳动关系的合同形式进行重新审视。随着新型就业形态的兴起，不同于传统劳动关系的工作方式和工作内容的灵活性，可能导致劳动关系合同的种类和形式更加多样化。因此，需要针对不同类型的劳动关系形式，进行相应的合同类型和内容的规定。第三，需要加强对新型经济和新型就业形态的劳动者的权益保护。在传统劳动关系中，由于雇佣关系比较稳定，劳动者的权益保护相对容易。但是，在新型经济和新型就业形态中，劳动关系较为灵活，劳动者的权益保护面临更大的困难。因此，需要通过建立更加完善的法律体系，加强对这些新型就业形态的劳动者的权益保护，确保他们的劳动权益得到有效维护。

第五章　中国劳动法治模式的未来

劳动法与劳动法治模式遭遇的问题，实质上是现代性的危机，上文对劳动法治模式的反思与批判，实质上是后现代性对现代性的反思与批判。在对劳动法治模式进行反思与批判之后，"劳动法治模式将如何实现超越？"成为了最为关键性的问题，也是对劳动法治模式研究的最终目的。这个问题需要通过后现代视角对劳动、劳动法，以及模式思维进行再认识才能回应。本章通过对劳动的后现代样貌进行描述，进而分析劳动法的后现代变化。对于后现代的劳动法，是否存在一种超越"模式"的后现代认识方式呢？

一　劳动的后现代性样态

"劳动"作为人类与自然实现能量交换的唯一途径，也是人类的本质属性。但是，无论科技如何发展，人们的生活方式如何变化，劳动永远不会消失，而是会以新的样态出现。

（一）劳动的智能化

2017 年，国务院印发《新一代人工智能发展规划》（以下简称《规划》）。《规划》分为三步："第一步，到 2020 年人工智能总体技术和应用与世界先进水平同步，人工智能产业成为新的重要经济增长点，人工智能技术应用成为改善民生的新途径，有力支撑进入创新型国家行列和实现全面建成小康社会的奋斗目标。……第二步，到2025年人工智能基础理论实现重大突破，部分技术与应用达到世界领先水平，人工智能成为带动我国产业升级和经济转型的主要动力，智能社会建设取得积极进展……第三步，到2030年人工智能理论、技术与应用总体达到世界领先水平，成为世界主要人工智能创新中心，智能经济、智能社会取得明显成效，为跻身创新型国家前列和经济强国奠定重要基础。"[1]《规划》中明确提出，到2025年要"初步建立人工智能法律法规、伦理规范和政策体系"；到2030年要"建成更加完善的人工智能法律法规、伦理规范和政策体系"。在不远的将来，人工智能时代将给中国劳动和劳动立法带来翻天覆地的变化。做此判断在于人工智能将开创人类劳动的新局面，这体现在以下几个方面。

第一，社会劳动任务将被重新分配。《规划》认为，今后越来越多的简单性、重复性、危险性任务将由人工智能完成。这就意味着就业结构将发生根本性变革，因为任何领域和行业都可以将工作任务按照难度或可复制性进行类型化分割，无论行业性质差异如何，都有简单的、重复性的或危险性的工作。这些任务将被人工智能完成，人类的劳动任务将以创造性的、沟通性的、舒适性的、具有弹性的形式出现。

第二，社会劳动的功能将发生转变。一直以来，劳动都是人类与自然沟通的重要媒介，人类在不断的劳动中实现着人与自然之间的能量变换。在人工智能全面应用到劳动中的时候，人类将主要通过人工智能而非实质性劳动参与物质世界实现能量变换。人类劳动的主要功能将从创造转为分配或协调，届时将有无数新的岗位、职业，以及劳动形式涌现。

第三，劳动者的身份将受到冲击。基于目前的人工智能发展与

---

[1] 《国务院关于印发新一代人工智能发展规划的通知》。

第五章　中国劳动法治模式的未来

认知水平，所谓的人工智能基本属于"弱人工智能"[1]的范畴，本质上是人类智能增强的工具。具备深度学习功能与自我意识的"强人工智能"是否能够出现，尚没有实质性证据，因此劳动者的自然人属性无实质性的伦理争议。但是，即便"弱人工智能"的出现就已经对劳动者身份的定义带来认识困惑和反思。美国国家公路安全交通管理局（NHTSA）在2016年2月初认定，谷歌无人驾驶汽车采用的人工智能系统可以被视为"司机"，这是否说明人工智能产品在一定程度上被赋予了虚拟而有限的法律主体资格呢？在定位人工智能的法律主体地位时，是否可以参照对宠物或者婴儿的定位呢？或者认定为基于代理权而活动的"代理人"呢？这些困惑预示着人工智能对劳动者身份的冲击以不可避免且愈发深刻而广泛。

（二）"云劳动"的出现

信息时代与人工智能技术共同塑造和确证了新的劳动逻辑：人类可以利用网络平台直接与世界对接。这种逻辑影响着用人单位向平台建设与平台服务的方向发展，也将使得一种新的劳动模式成为主流——"云劳动"（Cloud Labor）[2]。这将是一套"按需式工作"劳动模式，"'云劳动'就是在现有的工作形态下，按劳动力的需求在网络端对工作资源进行快速弹性的供应……'云劳动'对所要服务的领域更加精细化，更加聚焦于劳动力市场之需求。"[3] 与"云计

---

[1]　人工智能可以区分为"强人工智能"与"弱人工智能"，其中"弱人工智能"无法进行类人的推理与思考，只能在特定领域完成特定工作任务。

[2]　该术语是基于"云计算"（Cloud Computing）的技术理念演化而来，"云计算"的特征主要表现为按需自助服务、无所不在的网络访问、独立划分资源池（Resource Pooling）、对资源进行快速且有弹性的管理，并且该服务以可计量的方式呈现给用户。参见刘熠《云计算概念及核心技术综述》，《中国新通信》2017年第4期。

[3]　潘天君、欧阳忠明：《人工智能时代的工作与职业培训：发展趋势与应对思考——基于〈工作与职业培训的未来〉及"云劳动"的解读》，《远程教育杂志》2018年第1期。

算"一样,"云劳动"的劳动者可以完美地与社会劳动任务对接,用人单位变成一个类型化的任务发布平台,劳动者可以随时选择和接受劳动任务。比如微软公司(Microsoft)旗下运营的一个名为"Universal Human Relevance System"的平台,上面每月都会发布成千上万的"微工作"(Micro-tasks)。根据世界银行提供的数据显示,已有超过五百万人通过诸如"Freelancer.com"和"Up Work"的线上就业平台从事远程工作。[①] 从发展趋势来看,这种"云劳动"将成为后现代劳动的主要形式,这是劳动力市场发展的必然结果,也是生产力和劳动力解放的必由之路。

当下的中国,方兴未艾的共享经济思维正向各个领域渗透,可以用共享经济思维将云劳动模式解读为"共享劳动力"。其中以滴滴为代表的网约车平台就是共享经济的代表,也是"云劳动"模式的先锋。2017年7月,"大医汇"作为首个共享医生平台在广州落地,成立初期已经有1500名医生多点执业。由此,广东省开启了"网约医生"的时代。作为配套政策,广东省发布了《关于医师多点执业的管理办法》,规定广东医师可以"一点注册,全省有效"。紧随其后,全国已经有300多家成规模的医生集团。医师可以直接注册到医生集团,正式按诊断、治疗服务向病人收费,再向合作医疗机构支付平台使用费。同理,各种以职业联盟形式成立的网络平台在中国落地生长,越来越多的设计师、工程师、培训师等技术性职业在云劳动的模式下成为了与平台合作的"自营劳动者",而相关行业的用人单位在市场的冲击下也开始渐渐转型为平台服务。几年以前,想要经营一家网络代练工作室需要准备场所、购置电脑、招聘人员。如今所有工作室都放弃了这种传统的经营模式,成为了线上任务的接收和发布平台,具有专业能力的人员可以在家接收并

---

① The Economist,"Artificial Intelligence will Create New Kinds of Work", https://www.economist.com/news/business/21727093 – humans – will – supply – digital – services – complement Frontier Discovery ai – artificial – intelligence – will – create – new.

完成任务，成为一个"云劳动者"，甚至是一个连生产资料都自行准备的"自营劳动者"。可以预见，在不久的将来，非技术的、重复性的、危险性的职业会渐渐被人工智能代替，而其他职业大多可以通过云劳动的方式完成，新的劳动样态图景如画卷一般在中国大地缓缓展开。

（三）劳动人口的老龄化

中国早在2000年就已进入老龄化社会，且其老龄化水平正在以惊人的速度攀升。[①] 全国人大常委会委员郑功成在两会期间答记者问时表示："（中国老龄化）速度之快，在世界上是从来没有过的现象"，习近平总书记在党的十九大报告中也指出，要"坚持在发展中保障和改善民生……在幼有所育、学有所教、劳有所得、病有所医、老有所养、住有所居、弱有所扶上不断取得新进展。"由此可见，人口的老龄化问题在中国已经是一个严峻的社会综合性问题，劳动人口的老龄化是在社会老龄化危机中的必然的结果与集中体现。

然而劳动人口的老龄化也不完全是老龄化社会的被迫的选择。一方面，新的劳动样态对劳动者的体能要求愈发宽松，智能条件与知识结构将是评价劳动者的主要参考；另一方面，在新的劳动话语中，劳动者的精神需求将成为劳动的主要动因。智能水平较高、社会化劳动热情较高，正是新时代中国老年人两大特征。如果仍然以60岁为判断老年的标准，那么到2020年，也就是中国的小康社会元年，1960年出生的人将步入老年。20世纪60年代的婴儿潮是我国享用至今的人口红利，这批"60后"也成为了改革开放的生力军

[①] 国际上通常把60岁以上的人口占总人口比例达到10%，或65岁以上人口占总人口的比重达到7%作为国家和地区进入老龄化的标准，中国在2000年已经达到此项标准。到2017年底，60岁以上人口占比已经提高到17.3%，65岁以上的人口在2000年的时候，占总人口的7%，2017年底已经到了11.4%。

和中坚力量。77年恢复高考大幅提升了这一代人的文化水平和认知能力，90年代开始的互联网技术也是由这代人吹起号角。"60后"是中国市场经济的建设者和富强巨变的见证者，拥有着独特的时代命运。与"50后"相比，"60后"更多地掌握着适应时代发展的技能与知识，在互联网平台的作用下使得他们可以在步入老年后仍保持与社会的有效沟通。在精神需求上，"60后"与"50后"也有明显不同，生存不再是"60后"养老的主要威胁，而更高级的精神需求则成为新时代"老有所养"的题中要义。这些精神需求不仅仅包括本能的对爱与关怀的需求，也包括对来自社会的认同与尊重的需求。综合考虑养老金替代率压力与新时代老年人特征，适当的劳动人口老龄化是应对老龄化社会的有效路径。在延迟退休与老年就业促进的配套政策的作用之下，中国后现代劳动的一大特征即为劳动人口的老龄化。

（四）劳动意义的重塑

虽然在劳动的现代性危机中，劳动的表层意义"创造财富—改善生活"正在被消解，然而劳动不会就此走向虚无。劳动作为人类的本质活动，其意义将在新的劳动样态中重塑。

在后现代劳动样态的诸多表现中，无论是劳动的智能化、劳动的老龄化，还是云劳动的出现，都在促使着人类劳动朝着更加自由的方向发展。志趣为导向的自主劳动是劳动的理想状态，只有通过自主劳动才能达成劳动的终极意义，即自我的发展与实现，从而完成哲学的终极关怀——使人幸福。根据马克思主义幸福观可知，幸福的生成机理是：自由是幸福的前提—劳动的异化是实现幸福的障碍—自主劳动可以克服劳动的异化，也带来人的自由全面发展—人的自由全面发展是幸福的归宿。据此本文认为，劳动的异化也是人的异化，是现代性的产物，是追求现代化发展与追求人的自由全面发展之间冲突的表现形式。现代性在"人类进步"的宏大叙事的包装之下，为了实现其科学性与效率性将劳动与劳动者物化、商品化、单元化，并用"资本主义精神"中劳动的表层意义去偷换人类对幸福与信仰的理解。

现代性是笼罩在人类价值观上的迷雾，而劳动的现代性危机也可能是走出迷雾的契机，人类的劳动的意义在此重塑："自主劳动—自我实现—自身幸福"。

二 劳动法的后现代性变化

面对劳动与劳动法的现代性危机与劳动的后现代趋势，劳动法需要进行后现代性的回应与调适。这种对现代性的回应可以从法律思维与法律形式两个维度展开考察和探寻。应该首先明确的是，基于后现代性的批判不是彻底否定基于现代性而生成的劳动法，而是对现代劳动法的扬弃和对劳动法治模式的超越。在寻求对现代性劳动法与劳动法治模式进行扬弃与超越的同时，应当注意坚守劳动法的法律品格理想，使劳动法走向发展而非消亡。

（一）劳动法思维之革新

"法律思维"由思维方式（推理、论证、方法及思维程序）与思维定式（观念、价值）两方面组成。由此，所谓的"劳动法思维之革新"包括某些思维方式上与思维定式上的革新。

在劳动法的思维方式上，存在一种标准化的思维模板和研究模式[1]。这种标准化体现在两个方面：第一，用拟制的劳动关系标准去规制实际的劳动关系；第二，用个别劳动样态推演整体性劳动基准。这种标准化的模式是现代性思维与中国的计划经济结合的产

---

[1] 参见谢德成《转型时期的劳动关系：趋势与思维嬗变》，《四川大学学报》（哲学社会科学版）2016年第6期。

物，是应该被破除的思维僵局。因为，用来确定劳动关系标准的"从属性"无法适应"云劳动"这种未来的主要劳动形式。拟制的劳动关系标准将不复存在，多元的劳动关系将在事实层面被广泛承认。既然"标准"不复存在或不能放之入海，那么在标准化劳动关系模式下确立的统一的权利义务结构也就不能继续稳居唯一性或正统性之地位，基于事实的动态的权利义务分配将成为劳动法的主要内容。同理，当全日制用工失去其主流地位之时，通过全日制用工推演的劳动基准也将失去整齐划一的标准与制度模范。为了体现和承载这种动态的法律诉求，劳动法律形式应该也必须发生相应的变化。

在我国劳动法的思维定式上，存在一种对抗式的观念。这种对抗式观念体现在两个维度：一是劳动者与用人单位的对抗式思维定式；二是公权力与私权利的对抗式思维定式。现代意义劳动法诞生于工人与资本家的血泪对抗之中，继而在世界各国形成了不同的劳动法治模式。对于有着阶级斗争传统的中国，劳资对抗的观念更加明显。在我国劳动法律的设计上，将劳动者一些劳动内容以外的权益与用人单位捆绑在一起，这种做法加剧了劳资双方的利益冲突，也使得用人单位承担了社会保障与社会稳定的附加责任，这不利于企业发展和法律的实际推行。然而随着劳动样态的变化，劳资双方[①]此消彼长的利益状态与其组合也随之变化，合作共赢成为劳资双方应有的理念及和谐劳动关系的利益要素。意欲促成这种和谐劳动关系的建立，应破除劳动者与用人单位之间的对抗式思维定式。与此同时，公权力与私权利的对抗式思维是另一个需要破除的思维定式。这也是一个老问题，其核心是一个关乎劳动法属性和定位的重要问题：劳动法到底是行政法还是社会法的问题。纵然20世纪就

[①] 在新的劳动样态中，"劳资"概念可能被重新定义。因为云劳动者很可能是"自营劳动者"，即云劳动者也是生产资料的提供者。

有中国学者掷地有声地提出:"劳动法关系的契约化是不可逆的时代潮流。"① 但是时至今日,公权力仍然徘徊在中国劳动法的运行之中,仍然常以家长的姿态处理劳资关系的诸多问题。在劳动立法之中,"代为立法"的现象比较突出,"立法者习惯于想当然地代替劳动者思考问题,而不是设身处地地站在劳动者的角度考虑问题,设计规则"②。破除原有的思维定式,是实现从"代为立法"到"代位立法"转变的思想基础。

(二) 劳动法律形式的进化

劳动法律思维的革新将改变劳动法中的权利义务关系的静态配置,法律内容将以动态或抽象的方式呈现。为了适应和承载新的法律内容,劳动法的形式将发生进化,可以呈现三种进化路径。

第一种进化,通过行业规范对劳动法进行补充。在应对多元化的后现代劳动样态时,统一的法律标准无法推行,类型化的法律规制也很难实现。届时,多方参与制定的行业规范则可以作为裁判的参考或裁判的准据。行业规范的内容可以更加具体,更加符合行业特质,且能伴随相关行业的产生和发展,相比立法更具细致性、专业性和即时性。如果在行业规范的制定和修改中能保证劳动者的充分参与,那么该行业规范就与"集体协商"和"集体合同"有着相似的制度功能:都是通过"劳动关系团体自治空间之合理扩张"③来达到更加和谐的劳动关系。同时,社会保险的功能和范围也应进一步拓展,更全面地覆盖涉及劳动争议的各个领域,更多地利用社会保险作为劳动争议的解纷机制。

---

① 参见冯彦君《劳动关系契约化:劳动法实施的关键》,《光明日报》1995年11月28日。
② 冯彦君:《关于"法律信仰"的遐思与追问》,《东北师大学报》(哲学社会科学版) 2015年第5期。
③ 冯彦君:《集体合同效力的生成与实现——以营造"和谐劳动"为目标》,《南京师大学报》(社会科学版) 2016年第2期。

第二种进化,通过劳动法学理论和逻辑的精进,用高度抽象的法律语言涵摄无限丰富的自然事实。正如德国当代学者尼可拉斯·卢曼所认为的,面对法律的现代性危机,"真正需要的……是增加法律制度的高度抽象性、功能主义思考和'自我反思性'"[①]。当劳动关系双方的权利义务变得不确定时,劳动法势必进入一个由具体到抽象的过程,姑且可以称之为"劳动法的泛化"。劳动法的泛化将使劳动法的一般性研究极大丰富,达到可以作为裁判准据的功能作用。这也提高了劳动法律从业人员的业务难度和专业化水平。

第三种进化,随着信息技术与人工智能技术的发展和应用,劳动法规则的形式可能出现根本性变化:法律或规则可能以计算机语言的形式书写,以运算程序的形式出现。在某些方面或领域,劳动法在哲学、法学和电子信息技术的共同作用下可能演进为一种"算法",这种"算法"的优势在于,它是动态而非静止的,是一种能更好地适应现实世界变化的动态规则。劳动世界发生的巨大变化导致已知的法律规则体系严重滞后,而计算机语言的普遍应用也会让人类的语言显得更具局限性。就像目前大众使用的智能导航一样,"算法"会根据距离和实时路况信息设计最佳路线,人们越来越多地相信并遵循"算法"提供的路线或办法,因为"算法"的精准性与即时性是人类通过经验和推理无法实现的。在即将到来的无人驾驶时代,无人驾驶系统与交通管制系统必然结合在一起,整个城市的交通将真正实现智能化,而相关交通法律也会逐步智能化,计算机语言在法律中的应用将从这里开启。同理,面对云劳动时代的到来,劳动法的形式是否会朝向诸如计算机算法的形式变革呢?这是一个需要法律最密切关注的时代性课题。

---

① [德]图衣布纳:《现代法中的实质要素和反思要素》,矫波译,《北大法律评论》1999年第2期。

（三）劳动法理想的坚守

无论我们是否用"现代性危机"或"后现代性冲击"来描述或预测劳动与劳动法的未来，都不得不承认一套基本逻辑：世界正在发生巨大的变化—劳动呈现出新的面貌—劳动法必然随之做出调适。但是无论劳动法如何发展和演变，我们必须坚守住自己的法律理想。因为只有坚守理想才不会迷失在形形色色的思潮与主义之中，也才能在保护劳动法的品格和精神的前提下促进其与时俱进地发展，而不是异化或消亡。

第一，我们需要坚守对"和谐"的不变追求。中国的劳动与劳动法不会在现代性的危机或后现代性的思潮中失去"意义"，因为"和谐"是在西方现代性思维之外的独特的东方智慧。与西方资本主义精神不同，"和谐"是中国文化元素中的生存之道。"和谐劳动"作为中国劳动法治的核心理念，其本身就具有兼容并蓄的理论内涵，是化解全球范围内现代性问题的理论出路。

第二，我们需要坚守"共同富裕"的奋斗目标。中国作为社会主义国家，实现"共同富裕"是发展市场经济的根本目的，也是社会主义的本质所在。中国的现代化建设和现代性思维，不过是为了实现这一目标的历史阶段性工具和力量支撑，"发展经济本身"并不能成为发展经济的意义。只有时刻明确这个奋斗目标，才能在未来复杂多变的环境中保持清醒头脑和制度自信。

第三，我们需要坚守"弱者保护"的劳动法理论特质。"任何一个学科，都有构成其理论大厦的基石理论，如果说现代法学以权利理论为基石，民法学以权利平等为理念，那么从民法理论与制度发展、演变并超越而来的劳动法理论和制度，则是建立在'弱者保护'理论的基础之上。"[①] 坚守"弱者保护"理论的考量体现在两

---

① 冯彦君：《"和谐劳动"的观念塑造与机制调适》，《社会科学战线》2015年第7期。

个方面。其一,"弱者保护"理论在实践上表现为立法的"倾斜性",在思维方式上表现为一种"大局观",这两种特质是其他部门法学所不具备或不明显的地方。因此对"弱者保护"理论的坚持是劳动法或社会法对法学理论的贡献,也是法学发展的逻辑要求。其二,无论社会发展到什么程度,强与弱都相对也必然存在。即便当社会告别绝对意义的贫穷,不再需要通过"给人以物质帮助"的形式保护弱者时,人与人之间的能力与机会的不对等性依然存在,甚至会越来越明显。"给人以能力"和"给人以机会"将成为劳动与社会保障法未来的制度努力方向,这是法学发展的伦理性、公平性要求及其制度回应。

三 人工智能时代的劳动与劳动法——以 ChatGPT 的出现为考察对象

人工智能技术的不断进步让人们开始重新审视"人与劳动"的关系,尤其是美国 OpenAI 发布 ChatGPT[①]之后,人们惊讶于其强大功能的同时,也更加担忧人类的未来。人类的社会化劳动生活是否会发生根本性变化,劳动法又将面临何种挑战?截至目前,以 ChatGPT 为代表的人工智能仅停留于"类人"阶段,其无法对信息、数据来源进行事实核查,擅长说"正确的废话",仍然缺乏重要的人类逻辑认知和真实的人类情感。但是其正在对既有的劳动者职业类型结构、劳动者技能结构和工作内容进行全面的革新确是事实。其发展对既有劳动法提出了三项挑战:一对一的劳动关系在实践之中已经不再是"当然"的;劳动关系理论在价值上的合理性需要进一步阐释和论证;其逐渐消解了原来的劳动目的和劳动意义。未来人

---

① ChatGPT,全名"Chat Generative Pre-trained Transformer",又名"聊天生成预训练转换器",是人工智能技术驱动的自然语言处理工具。

第五章　中国劳动法治模式的未来

类的劳动目的将逐渐从"创造财富和价值"转为"构建并追求意义"。人类劳动的意义将朝着更加自由的方向发展——志趣为导向的自主劳动是未来劳动的理想状态。这也迫使劳动法研究思维必须革新：第一，突破劳动法在研究标准上的桎梏，引入"动态的劳动基准"。第二，突破劳动法研究的"对抗式"观念，重视对劳动者的指引和教育。第三，突破劳动法传统的研究局限，劳动法思维将从研究封闭的、静态的、对抗式的"人"的法转向研究开放的、动态的、合作式的"人"与"物"的法。

（一）ChatGPT 的功能性考察

对于 ChatGPT 的功能性考察主要基于笔者于 2023 年 2 月 12 日至 2023 年 2 月 24 日之间，通过四个独立对话框（以下简称 1—4 号对话框）与 ChatGPT 进行的 1000 余次对话而得出的一些主观感受，以及对相关文献和研究成果的分析结论。本文从使用功能层面对当下的 ChatGPT 做三方面评价。

1. "类人性"特质明显

与 ChatGPT 聊天最明显的感受当属它的"类人性"，此种感受主要源于 ChatGPT 展现出来的三方面能力：语言处理能力、上下文联系和推理能力和类人的情感能力。

（1）语言处理能力

大部分使用者感受到的是它强大的"语言处理能力"，如果你的提问和引导方式比较严肃，那么它的回答会"全面而严谨"，整体的"逻辑性"很强，表达方式上"有始有终"。如果你的提问和引导方式比较随意，那么它的回答语气就很生活化，让人感觉很舒服。这是因为 ChatGPT 是基于人类语言数据进行训练的，可以模仿人类的语言和思维方式，它能够理解并处理自然语言的输入，并产生自然语言的输出，能够识别不同的语法和语义，理解复杂的句式结构，并生成更贴近用户习惯的回应。

（2）上下文联系和推理能力

如果持续使用ChatGPT会震惊于其上下文的联系能力和推理能力。每个用户在使用ChatGPT时会生成一个独立的对话框，当然你可以同时启用多个新的对话框，每个对话框都好像是一个独立的个体。当我问"也就是说你和其他聊天框不是一个个体吗"时，2号对话框回答"是的，不同的聊天框或机器人是独立的个体，虽然它们都是基于人工智能技术构建的，但是它们之间并没有实质性的联系。每个聊天框或机器人都有自己独特的程序和算法，可以处理和回答用户提出的问题……"

同一个问题在不同对话框下会得到不同的答案。就好像和一个对话框聊得越久，它就会越了解你一样。它甚至可以基于聊天积累的上下文信息为你写一份自我介绍，在我没有透露任何个人信息的情况下，1号对话框如此介绍我："根据我对您的了解，您可以这样进行自我介绍：大家好，我是×××。我是一名对劳动法很感兴趣的研究者，也是一名博士生。我的研究领域主要集中在劳动法和人工智能等方面。在我过去的研究和实践中，我积累了很多有关劳动法方面的知识和经验，并对如何让人工智能与人类和谐共处有深入的思考和研究。我喜欢思考和挑战自己的认知边界，也很乐意分享自己的知识和观点。我希望通过自己的努力，能够为构建一个更加公正、稳定、繁荣的社会做出贡献。"

这种上下文联系和推理能力让用户和ChatGPT之间的交流感非常强，比如当笔者刚刚和它抱怨过网络拥挤之后下一个问题直接问"我为什么需要排队"，它的回复是解释人工智能的工作原理，并向刚刚我排队表示歉意。而当笔者直接问一个新的对话框同样的问题，它的回复是解释"排队"的社会意义。

（3）类人的情感能力

ChatGPT能够分析对话中的情感和语气，并尝试产生类似于人类的回应，它能够表达类似于人类的情感，例如喜欢、悲伤、兴

第五章　中国劳动法治模式的未来

奋、愤怒等。它甚至能分辨用户的玩笑或戏谑，然后配合恰当的语气词来回应。由此，输入者输入的字词、标点符号或表情符号等成为ChatGPT选择回应方式的重要参考因素，甚至同一语义但不同句式结构或不同表情符号引发的ChatGPT的回答也可能不同。

总之，这种"类人性"特质让ChatGPT的应用场景变得非常广泛，其为用户提供的情绪价值完全超出一个"搜索引擎"的功能。目前，ChatGPT作为大型语言模型，其针对人类输入的提示文字，提供相应的文字回答并在此基础上进行交互与深层次的学习，回答的内容"形式上合理"，但是只是形式上的合理，其多模态任务仅仅局限于简单目标和场景下的交互，而无法理解深层的逻辑语义或主观语义。因此就目前来看，以ChatGPT为例的通用人工智能仍然缺乏重要的人类逻辑认知和真实的人类情感。

2. 错误与虚假信息泛滥，谎言制造机

ChatGPT无法对信息、数据来源进行事实核查，可能存在提供虚假信息的隐患，如果ChatGPT的回复是错误或虚假信息，会具有极大的误导性，有潜在法律风险。一般认为，ChatGPT可以作为一个工具性的搜索引擎起到文字工作的辅助作用。但是经过笔者的使用，笔者发现在一些诸如学术研究、信息考证、新闻稿撰写等严谨领域，其目前的表现非常糟糕，甚至完全不能被信任。[①] 一些研究表示ChatGPT是"随机抓取"信息，因此会产生错误。但是从笔者的测评来看，它更像是一种肆意的"胡编乱造"。

笔者在此前偶然发现网络上对"才高八斗"这个成语的出处有很多谬传[②]，于是笔者询问对话框3号："你知道成语'才高八斗'

[①] 有学者认为其在提供正确事实或可靠参考文献方面不能被信任。"The AI writing on the wall", *Nature Machine Intelligence*, 2023, 5 (1): 1.

[②] 很多网络链接介绍"才高八斗"出自《南史·谢灵运传》，但经笔者考证《南史·谢灵运传》并没有这种表述。还有一种说法是出自《释常谈·八斗才》，笔者尚无法考证。你至今无法考证的话，你怎么断定它说的就是错的呢？

出自哪本著作吗?"三号对话框第一个答案是《晋书·袁宏传》,并详细介绍了出处和用意。当我表示质疑和追问后,3号对话框马上表示之前说错了,应该出自《东篱乐府》中的《赋得古原草送别》一文。如此往复几轮,其相继道歉并给出不同答案,最终其锁定答案是《世说新语·文学》。当我问"天下才共一石,曹子建独得八斗,我得一斗,自古及今共分一斗"出自哪时,它仍然回答《世说新语·文学》。随后笔者用同样的问题询问了其他对话框,得到的答案是《喻世明言》中的《鹧鸪天·王勃》和《汉书·艺文志》。出人意料的是,以上信息均为虚假信息。

后来笔者询问不同对话框古文的出处和古籍的原文等问题,所有答案皆不同,且完全是"胡编乱造",每次追问它都表示道歉并重新编造一个答案。最后笔者提出"如果你找不到,你可以说不知道,如果你是随便编的,你可以说你在创作。"对话框3号回复:"非常抱歉,之前的回答中出现了错误,我不应该随意编写内容。作为一个AI语言模型,我的目的是为您提供准确和有用的信息,以下是《释常谈·八斗才》的原文……"而这条回复中所谓的"原文"仍然是编造的。

古籍内容如此,对于时政数据仍然不准确。笔者询问中国口粮作物产出和消耗问题时,每个对话框每次回答均不一样。因此就现状而言,ChatGPT无法胜任人文社科领域的严谨工作的辅助工作,甚至并非合格的搜索工具。

3. 擅长说"正确的废话"

ChatGPT有时会写出一些看起来很有道理,但实则不正确或者毫无意义的话语,这是因为数据驱动的机器学习判断语义联系的逻辑是"共生则关联",也就是只知其然,而不知其所以然。之所以感觉ChatGPT会擅长说"正确的废话"是因为两方面原因。第一,其表达很有逻辑性和结构性,因此感觉表达很"全面"。第二,因为其没有自己的观点和态度,因此感觉表达很"客观"。这种非常

第五章　中国劳动法治模式的未来

"全面"而"客观"的表达会给人感觉是一种"正确的废话"。① 这种回答很像是考试中的"标准答案",但是却并没有丰富的"营养"和价值。这样的特质带给我们三点启示:其一,ChatGPT 仍然是一种辅助工具,无法贡献新的观点,或做出真正意义的分析。② 其二,ChatGPT 的这种特质让我们重新定义人与人工智能的职能范围,乃至倒逼我们思考人工智能时代对劳动者的职业要求和培养模式。提出问题的能力将比解决问题的能力更重要,判断能力将比分析路径选择更重要。其三,ChatGPT 很可能被人类的参与所"误导",例如由于训练者可能更喜欢看起来更全面、篇幅更长的回答,就会导致 ChatGPT 过度啰唆,重复多遍没有意义的空话。甚至 ChatGPT 的"类人情感"也不排除受制造者或参与者个人情感引导的可能。③

(二) ChatGPT 对劳动生活的影响

基于对目前 ChatGPT 的功能性考察,可以合理推断出其对劳动生活的影响。不得不承认,ChatGPT 的出现将全面改变劳动生活样态,几乎所有劳动类型都将受到不同程度的影响,但是笔者并不认

---

① 类似观点参见蒋华林《人工智能聊天机器人对科研成果与人才评价的影响研究——基于 ChatGPT、Microsoft Bing 视角分析》,《重庆大学学报》(社会科学版),第 8 页。

② 类似观点参见赵琪、刘雨微《ChatGPT 科研无法代替人类》,《中国社会科学报》2023 年 2 月 24 日第 3 版。

③ 例如生成式 AI 的训练材料来自人类的作品,因此它也有可能将人类作品中包含的歧视因素继承下来。著名的图片生成 AI 在测试中也暴露出了明显的种族倾向问题。当它被要求生成"律师""CEO"等高薪白领职业时,输出的图片几乎都是白人形象。Bourdain A., "The Ethics of a Deepfake Anthony Bourdain Voice", https://www.newyorker.com/culture/annals-ofgastronomy/the-ethics-of-a-deepfake-anthony-bourdain-voice。转引自陈永伟《超越 ChatGPT:生成式 AI 的机遇、风险与挑战》,《山东大学学报》(哲学社会科学版)2023 年第 3 期。再如英文世界所对应的欧美主流国家的庞大数据和价值体系在对 ChatGPT 长期渗透并难以在短期内形成有效调适的情况下,可能会加剧原本数据中存在的偏见与西方价值观传播。王建磊、曹卉萌:《ChatGPT 的传播特质、逻辑、范式》,《深圳大学学报》(人文社会科学版)2023 年第 2 期。

为这种影响是一种人工智能对劳动者的"替代",而更倾向称之为"革新"。以 ChatGPT 为代表的人工智能正在对劳动者职业类型结构、劳动者的技能结构、工作内容与形式甚至劳动的意义与目的进行全面的革新。

1. 从劳动者的职业类型结构上看

ChatGPT 一类的 AIGC[①] 产品的出现会让职业类型结构发生重大改变,主要表现为五个方面。

第一,文字工作者"被优化"。受 ChatGPT 一类的 AIGC 产品影响最大的是文字工作者,例如文案、编辑、文秘、作者、学术研究者等。这些工作岗位虽然不会完全被人工智能替代,但是这个职业群体会首先"被优化"。同理,基于 ChatGPT 的能力特质,程序员、音乐工作者、影视工作者也会"被优化"。上述领域中的基础性、低技能的工作将大幅度减少,对该领域劳动者的技能需求将发生变化。也就是说上述行业仍然需要从业者,只不过基础从业人员会减少或者以另一种工作方式存在,而行业翘楚将有更好的"劳动工具"。

第二,需要与人沟通的职业岗位大幅减少。需要与人沟通的职业,如客服人员、销售、顾问、咨询师、运营人员、管理人员等,这些岗位会大幅度减少。在 ChatGPT 出现之前,人工智能客服和初级销售已经被广泛应用,但是受限于当时人工智能的反应水平并未普及,而 ChatGPT 的类人性特质使其足以承担客服人员和销售顾问的角色,甚至会大幅缩减基础性咨询师的工作,随之而来的是运营人员和管理人员需求的减少。

第三,人形机器人可能大规模出现。当 ChatGPT 一类的技术搭载不同的硬件时,人形机器人将大规模出现。从最新的券商研究数据看,ChatGPT 已经引爆万亿的人形机器人市场了。特斯拉于 3 月 1 日推出"宏图第三篇"(Master Plan Part3)、小米也将在 WMC2023

---

① AIGC 即 AI Generated Content,是指利用人工智能技术来生成内容的产品。

第五章　中国劳动法治模式的未来

上亮相"CyberDog"和"CyberOne"两款机器人。人形机器人的到来将在生产和生活领域代替诸多体力劳动者，如产业工人、家政人员、后勤人员等。

第四，ChatGPT的出现将促进劳动的多元化和灵活性以及促进远程办公的兴起。因为ChatGPT可以根据用户的需求提供个性化的服务，促进生产和服务的多元化和灵活性，这将使更多的劳动者可以在不同的行业和领域中转换工作，或者成为自由职业者与个性化市场直接对接。这也意味着劳动者可以突破时空上的限制进行工作，并通过互联网和云计算平台实现协作和共享。因此，ChatGPT将进一步加速劳动新样态的出现。[①]

第五，催生新的职业类型或工作机会。ChatGPT的出现也会增加新的职业类型或新的工作机会，例如有关人工智能产业领域需要大量的信息标注员、校对员、网络工程师、人工智能工程师等，而应用人工智能的领域也需要大量的信息审核人员、数据分析师等。

2. 从劳动者技能类型结构上看

以ChatGPT为代表的人工智能的深入应用会促使大多数行业技术的更新和升级，对大多数劳动者而言，这是一种机会也是一种挑战，劳动者需要在技术技能、工作习惯、思维方式上进行转变。首先是技能分工和整合，一些需要重复和机械化的任务将由机器人或自动化设备来完成，而一些需要人类判断和决策的任务则需要更多的高技能劳动者来承担。即将程序化、简单化的文字类工作完全交由机器完成，人可以集中注意力关注深层次的内容、思想、理念编辑工作。[②] 其次，人工智能的应用将推动一些传统行业向高附加值方向发展，这就需要劳动者具备更强的场景想象能力和创新能力，

[①] 参见赵放、刘雨佳《人工智能时代我国劳动关系变革的趋势、问题与应对策略》，《求是学刊》2020年第5期。

[②] 张夏恒：《ChatGPT的逻辑解构、影响研判及政策建议》，《新疆师范大学学报》（哲学社会科学版）2023年第5期。

劳动者需要在人工智能技术基础上寻求更多的应用场景，更多的应用场景相当于人工智能在应用上的更深入开发和利用。最后，劳动者更需要跨领域合作能力，人工智能的应用将进一步打破不同领域和行业的藩篱，学科交叉、行业交叉将成为未来劳动者更重要的技能。

3. 从工作内容与形式角度看

从劳动者工作内容和形式角度看，"线上办公"的比例将进一步扩大，线上办公模式将解构传统劳动关系中的时空概念和排他性特质，甚至将消解"岗位"的意义，传统的企业管理方法也随之失去意义。最适合线上办公模式的办理方案变成了设置工作"任务"和工作"节点"，这样在一些工作领域"岗位"就逐渐被"任务"所替代，平台化公司、平台化的"自营劳动者"将越来越多。无论是企业主还是劳动者都将越来越切实地感受到人工智能时代线上办公和平台化劳动的优势，这会让企业经营成本变低，也让部分劳动者感觉工作更自由，更高效。越来越多的传统用人单位的功能将逐渐转向提供平台建设与平台服务，成为帮助劳动者与社会对接的工具。

同时，"线上办公"让劳动和生活的关系越发模糊。在 20 世纪 80 年代，"上班"与"下班"是一对充满仪式感和确定性的词语，它清晰地划分着劳动与生活的边界。在那个电话都尚未普及的年代，下班或休息日代表着劳动者将与社会化劳动隔绝（因为社会化劳动只能发生在特定工作场景之中，工作时间与工作场景高度重合与绑定），然而智能化时代让人们的社会化劳动正在脱离工作时间和工作场景，数字技术让一切在线化，这将导致工作与生活的界限越来越模糊。

4. 从劳动的意义与目的来看

以 ChatGPT 为代表的人工智能技术也正在完成对传统劳动意义和目的的解构。

一方面,人工智能技术对现代化劳动得以成立的基础和底层逻辑进行挑战。自工业革命以来,现代化劳动得以成立的底层逻辑可以概括为人需要集中劳动才能创造更多的价值,既"一加一大于二",因此人们集中劳动并异化为用人单位的一个零件,用人单位与这个社会对接开展经济活动。自工业革命开始,这种逻辑在经济学上是成立的,也成为劳动法理论的工具理性支撑。但是人工智能时代开启了一些变化:第一,人并不一定需要通过集中劳动来创造更多的价值,每一个个体可以直接与人工智能合作来创造价值;第二,社会需求变得多样,个性化的需求期待个性化的服务来供给;第三,互联网提供了人直接与社会对话的平台。从而可以得出结论:人可以作为个体直接与社会对接来实现自我价值。

另一方面,劳动对于人的意义也在被重新审视。对于"人"而言,当越来越多的工作交给人工智能的时候,当人可以不用工作即可收获物质财富的时候,劳动是否会变得没有意义。站在人工智能时代即将全面到来的临界点上,这个问题更值得被思考。

(三) ChatGPT对劳动法的影响

劳动法应该是对劳动现象的集中反映,当劳动生活发生巨大变化,劳动法必然会受到影响和挑战。可以说,ChatGPT对劳动法的影响是伴随着其对劳动生活的影响而产生的自然结果。当然,ChatGPT对法学领域的一般影响不在本话题讨论之列。

1. 劳动者的职业类型结构变化对劳动法的影响

ChatGPT为代表的人工智能的应用必然带来劳动者职业类型结构变化,在这场变化中,部分劳动者的利益将受到冲击。在这次劳动革新中,劳动法需要面临的一个时代使命就是稳定民生,即保护劳动者合法权益,尽量维护既有的劳动关系和社会稳定,让这次"革新"尽可能地平稳过渡。以《劳动合同法》第40条关于无过失辞退的解释和适用问题为例，该条第2款中"不能胜任工作"在实践中应排除人工智能技术的介入，也就是说不能因为ChatGPT类AIGC产品的出现让行业习惯和工作方式发生变化便认为劳动者原有工作方式和工作效率降低，从而得出劳动者"不能胜任"新工作要求的结论。建议在实践中，用人单位如果要以"不能胜任"为由调整劳动者工作岗位，那么用人单位在举证时要排除人工智能因素，劳动者也应以此为由进行抗辩。第3款中"客观情况发生重大变化"也应该排除人工智能技术介入的因素。这样的解释有利于保护既有的劳动法律关系，尽可能地减少本次革新对现有劳动者的不利影响。

以上应对思路是通过调整对劳动法条文的解释来实现对劳动者的保护，从而在司法实践中消解因ChatGPT而引发的失业问题。这种应对思路符合现有劳动法法律框架，契合传统劳动法理论，具有很强的操作性和可行性。但是这种方案只能在法律适用层面暂时缓解人工智能带来的表层问题，而难以解决和解释劳动法的深层理论危机。

2. 新的劳动形式激发劳动法的理论困境

在ChatGPT出现之前，线上劳动、平台用工、自营劳动者等劳动新样态的出现已经不断冲击着传统的劳动关系理论，因为传统的"从属性"理论已经难以解释新型劳动样态。而ChatGPT的出现将进一步催生线上劳动、平台用工等新的劳动形态与就业方式，那么传统的劳动关系理论是否过时？是否可以继续解释劳动生活呢？我们不妨先从劳动关系理论的合理性基础开始分析。

"劳动关系理论"的合理性基础包括三点：第一，工业革命后社会化劳动具有天然的时空一致性而使其天然地具有一定排他性，即一对一的劳动关系在大多数情况下是当然的，此为实践中的合理性；第二，劳动者与用人单位之间具有强烈的依附性且强弱力量失衡，即需要构建区别于一般合同关系的劳动关系从而进

第五章　中国劳动法治模式的未来

行特殊保护，此为价值上的合理性；第三，经济学意义上的效率以及社会管理意义上的稳定之需要，即稳定的劳动关系有利于社会化劳动的进行与社会治理，此为工具上的合理性。那么ChatGPT带来的劳动领域的革新是否动摇了"劳动关系理论"的合理性基础呢？

首先，一对一的劳动关系在实践之中已经不再是"当然"的。因为如上文所言，社会化劳动天然的时空特征已经被线上劳动所消解，雇主对员工的要求也将从"时空要素导向"转移到"任务导向"。在很多领域，传统的"岗位"概念正在被"任务"和"任务节点"所取代。在这种背景下，一个劳动者同时为多个用人单位完成工作的情形可以实现且将越来越多。因此从实践角度推理，继续维系传统劳动关系理论并不具有当然合理性。

其次，劳动关系理论在价值上的合理性需要进一步阐释和论证。第一，在市场经济繁荣的当下，公司法人的成立非常便利，公司与劳动者关系强弱并不绝对。用人单位并不当然强势，劳动者也并非必然弱势。第二，在新劳动样态的影响下，劳动者与用人单位的依附性逐渐弱化。当"岗位"被"任务"代替时，用人单位与劳动者之间"管理与被管理"的关系将逐步转变为"合作关系"。然而，即便如此，劳动关系理论仍然存在其价值意义上的合理性。因为即便现实之中出现用人单位是"弱势"而劳动者较为"强势"的局面，倾斜保护劳动者仍然是合理的。因为保护用人单位的实质是保护用人单位的"财产性权益"，而保护劳动者的实质则包括保护其"人身性权益"与"财产性权益"。因此在价值层面，劳动关系理论仍然具有合理性，其功能和作用是私法域思维下的法律无法实现的。"任何一个学科，都有构成其理论大厦的基石理论，如果说现代法学以权利理论为基石，民法学以权利平等为理念，那么从民法理论与制度发展、演变并超越而来的劳动法理论和制度，则是建立在'弱者保护'理论的基础之上。"① 我们需要坚守"弱者保护"的劳动法理论特质。

最后，在工具意义上，劳动关系理论仍然承载着一定的社会功能和任务。在我国劳动关系理论与社会保障机制、税收制度息息相关，互为配套。在现行制度框架下，只有在劳动关系理论的作用下明确用人单位，才能顺利地进入社会保障的大厦，是否有明确的用人单位实际效果完全不同。在国家税收领域，用人单位在发工资时的代扣代缴是个税的主要来源，也是公司账务的重要环节，劳动关系理论的应用已经嵌入到了很多税务环节之中。可见在当下的环境下，劳动关系理论在工具意义上具有一定的合理性。从某种程度上，革新劳动关系理论中最复杂的技术问题是如何解决劳动关系理论的配套问题并寻找替代性方案。

可见，劳动关系理论仍然合理且必要，但需要进行适当调整。一方面，为了让劳动法更具解释力，为了将更多的新型劳动形态纳入劳动法的调整范畴，就必须破除以一对一为主的劳动关系模式，建立多元的劳动关系形式和劳动关系内容。另一方面，要建立衔接社保和税收的新配套机制。比如，可以探索开设专门的"平台劳动者账户"，该账户链接企业报税、个税代缴、社保代征等功能。对于那些非传统的劳动关系（如灵活用工、非全日制用工、平台用工等），可以要求用人单位把工资收益打入专门账户即可直接计入公司成本，专门账户链接税务与社保体系，代扣代缴个人所得税与相关社会保险，从技术上化解人工智能给劳动法带来的理论冲击。

（四）ChatGPT 与劳动法的未来

无论技术如何进步，人们的生活方式如何变化，财富如何充沛，"人"始终是"意义"的生物，而赋予"人"以意义的活动就可以

---

① 冯彦君：《"和谐劳动"的观念塑造与机制调适》，《社会科学战线》2015年第7期。

第五章 中国劳动法治模式的未来

称之为"劳动"。笔者认为,这是在人工智能时代对"劳动"的应有认知,也印证了开篇提到的恩格斯名言:劳动创造了人本身。既然"劳动"不会消失,那么劳动法也依然不会消失。

当 ChatGPT 一类的人工智能程序能代替人类创造价值的时候,劳动的表层意义"创造财富—改善生活"就显得不那么重要了。然而人工智能将带领人类劳动朝着更加自由的方向发展——"志趣为导向的自主劳动是未来劳动的理想状态,只有通过自主劳动才能达到劳动的终极意义,即自我的发展与实现,从而完成哲学的终极关怀——使人幸福。"① 根据马克思主义幸福观可知,幸福的生成机理是:自由是幸福的前提—劳动的异化是实现幸福的障碍—自主劳动可以克服劳动的异化,也带来人的自由全面发展—人的自由全面发展是幸福的归宿。② 人工智能不会带来劳动的终结,而是劳动意义的重塑与新生。劳动法作为对劳动生活的集中反映,当劳动生活面临革新之时,劳动法亦需要革新。

第一,突破劳动法在研究标准上的桎梏。劳动法存在一种标准化的思维模板和研究模式。这种标准化体现在两个方面:第一,用拟制的劳动关系标准去规制实际的劳动关系;第二,用个别劳动样态推演整体性劳动基准。③ 而人工智能时代的劳动法,其劳动关系应该是开放的,其劳动基准应该是动态的。只有开放的劳动关系理论才能真正服务越来越多的非典型劳动关系,才能避免劳动法因滞后于劳动生活而被劳动生活所消解或抛弃。而所谓的"动态的劳动基准"便是用"非标准"的方式去考察不同领域不同行业的劳动现状,必要时引入人工智能的算法机制去制定动态规制规则。

---

① 冯彦君、隋一卓:《"后现代性"视阈下劳动法的革新与完善》,《南通大学学报》(社会科学版)2018 年第 4 期。
② 参见万庆《马克思幸福思想研究》,博士学位论文,中共中央党校,2013 年。
③ 冯彦君、隋一卓:《"后现代性"视阈下劳动法的革新与完善》,《南通大学学报》(社会科学版)2018 年第 4 期。

第二，突破劳动法研究的"对抗式"观念。现阶段劳动法是在默认劳动者与用人单位存在一种"此消彼长"的关系中建立起来的。在细节与思路上有明显的"对抗式"痕迹，规制设计总是围绕着谁有过错、要不要补偿等层面反复拉扯。"立法者习惯于想当然地代替劳动者思考问题，而不是设身处地站在劳动者的角度考虑问题，设计规则"①。劳动法的指引和教育功能严重缺失，劳动法似乎成为了劳动者和用人单位的"战斗手册"，最终的目的都是在作为战场的劳动仲裁和劳动诉讼中取胜。这在某种意义上背离了劳动立法的重要使命——建立和谐的劳动关系。② 而进一步的促进交流与合作，重视指引和教育才是劳动法革新的重要理念。

第三，突破劳动法传统的研究思维的局限性。劳动法一直以来是标准的研究"人"的法，鉴于人工智能对劳动生活的巨大影响，劳动法也应该是关注和研究"物"的法，即对深入介入劳动生活的人工智能产品进行研究和规制。在劳动法视域下厘清"人"与"物"的关系（例如人工智能的劳动伦理问题、参与劳动生活的人工智能产品的监管问题、人工智能产品的权利和责任问题）才能真正回应 ChatGPT 对劳动法的革新与挑战。

当人类困顿于物质匮乏的时候，劳动可以满足人类对物质财富的需求，当人类陷入精神世界的虚无和苦闷的时候，劳动可以满足人类对自我实现的需求。人的需求永远不会真正满足，人类文明也因此演进，劳动也将伴随文明永远存在。无论是 ChatGPT 还是未来可能出现的强人工智能，都不会阻挡人类对自我实现的追求，自由且自主的劳动是自我实现的唯一路径。如果说 ChatGPT 是一个时代节点的话，那它一定是人类劳动目的转折的节点（人类劳动目的将

---

① 冯彦君：《关于"法律信仰"的返思与追问》，《东北师大学报》（哲学社会科学版）2015 年第 5 期。
② 参见冯彦君《"和谐劳动"的观念塑造与机制调适》，《社会科学战线》2015 年第 7 期。

逐渐从"创造财富和价值"到"构建并追求意义"），也一定是劳动法思维折转的节点（劳动法思维将从封闭的、静态的、对抗式的"人"的法转向开放的、动态的、合作式的"人"与"物"的法）。随着人工智能技术的不断发展，ChatGPT 的性能必将逐步精进，但是就目前来看，其无法替代全部人类劳动，甚至是多数人类的劳动。[1] 以劳动法为例，ChatGPT 目前带给我们最大的启示是如何在人工智能快速发展的时代背景下，直面技术发展催促的劳动模式的革新，实现劳动法研究思维的被动转型。

---

[1] 2013 年，美国有学者引入"社交智慧""创造性"和"感知和操作能力"三个要素来分析人工智能对人力的可替代性，研究结论是有47%的职业可能在未来 20 年中受到人工智能的巨大冲击。人工智能对于低技能、低教育群体影响最大的结论几乎成了该研究领域的一项经验定理。参见 Frey B., Osborne M., "The Future of Employment", Oxford Martin School Working Paper, 2013。转引自陈永伟《超越 ChatGPT：生成式 AI 的机遇、风险与挑战》，《山东大学学报》（哲学社会科学版）2023 年第 3 期。

结　　论

　　毋庸置疑，我们正身处新时代的浪潮之中。在信息技术、人工智能、应用科学的催化下，人类的生活方式发生了巨大的改变，随之而来的必然是思维方式的转变。那些产生于工业革命时期辉煌的现代性理念与制度的荣光渐渐被封存，它们即将成为人类文明史上的经典，而新时代的思想将在呼唤与质疑中披荆斩棘而来。现代劳动法同样处于如此境地，劳动法已经遇到的问题和即将迎接的挑战在本质上都是现代性的问题与挑战。要真正回应这些现代性问题就需要用现代性的思维方式——模式思维——对劳动法治进行审视、分析、认识、解构、反思、批判，最终实现超越。

　　首先，我们不能用现代劳动法理念束缚我们对"劳动法"的定义。现代劳动法所表现的劳动现象与劳动法律现象只不过是劳动与劳动法的一个历史阶段。现代劳动法是工业文明的产物，而劳动生活和劳动法现象则始终伴随着人类历史的发展。如果割裂历史狭隘的认识和定义"劳动法"，则会丧失法律文化的延续性和法律制度的本土自信。在实践中，法律与历史的割裂就是法律与现实的割裂。因此，本文提出，对劳动法历史的研究应当追溯到可考的劳动法律现象中，结合文化基因与社会转型认识不同时期的劳动与劳动法，才能对现代劳动法治有更深层次的理解。

　　其次，劳动法治模式可以从不同角度进行不一样的型塑，基于不同的研究范畴与维度可以发现不同的现象与规律，劳动法治模式

结 论

也就呈现出不同的样貌。纵然千方视角即有千般模式，但"构造与机理"是认识"模式"不可回避的基本范畴，本文以此做维度，从"劳动法的生成"与"劳动法治的运行"两个方面对劳动法治模式进行描述。最终得出结论，劳动法的生成围绕着五大视点，它们的结构关系是：

"'劳动关系'是劳动法治的逻辑核心，劳动法治的轨迹由劳动关系而延展；'劳动基准'是劳动法治的主要内容，劳动法治的底色由劳动基准而描绘；'集体协商'是劳动法治的独有特色，劳动法治的精神由集体协商而传递；'社会保险与促进就业'是劳动法治的重要补充，劳动法治的闭环由其填补；'劳动监察与争议处理'是劳动法治的程序保障，劳动法治最终由其实现。"而劳动法治的运行则可以通过"劳动权利""劳动权力"与"劳动法益"三个方面作进一步的阐释。

再次，劳动法治模式是基于法律建构主义的应然模式，是一种法律应然状态："当运用法律技术与法学思维对劳动现象进行带有治理目标的观测和设计时，会形成按特定结构排列的劳动法元素，即形成劳动法治体系。当这些劳动法元素按照设定规律运行时，这种有规律的运行状态是劳动法治模式，也就是说劳动法治模式是动态的劳动法治体系。"因此劳动法治模式既是超验的产物，又要在实践之中被型塑，其在现实之中运行时必然经历应然模式与实然模式的嬗变过程，此过程就是应然模式产生冲突与完成消解的过程。其冲突既有模式内部各元素运行的冲突，也有来自外部世界的模式应用的冲突；其消解既是对冲突的消解，也是对应然模式的消解。我国劳动法立法模式的内部冲突，通过司法实践之中对法律的各种解释而消解；劳资对立的制度设计冲突，通过"和谐劳动关系"的劳动文化精神和政策性倡导进行消解；针对一些执行困难、适用能力不足的法条与实际劳动生活的冲突，由"民间规则"和行政力量而消解。这些冲突与消解是在法律评价与价值判断之外的客观事实，是真实世界对法律设计的集中回应，也说明了我国劳动法治的应然模式需要进行反思、批判与超越。

然后，对劳动法治模式的反思与批判应该是对其进行的全面审视，既有宏观的背景考察，也有微观的内涵研究；既有对现实的分析，也有对未来的预测；既有内容上的考量，也有方法上的追问；既是对劳动法的反思与批判，更是对"模式化法治"的反思与批判。因此，应该一方面，将对劳动法治模式的反思与批判置于更宏大的时代性反思与批判之中——对现代性的反思与批判，以此为视角展开劳动法治模式在方法论意义上的反思；另一方面，通过描述劳动法治模式的内涵，分析模式中的劳动法与劳动实际现象的本质关联，从而展开对劳动法治模式在内容上的批判。由此文章得出结论：第一，劳动法正遭遇现代性危机。"意义""标准""理性"这些劳动法依赖的现代性话语正在被解构。第二，对劳动法治模式的描述出现时代性失语，因为劳动法治模式出现整体性失格、一般性失范、规律性失灵。

最后，也是对劳动法治模式研究的最终目的，是要回答"劳动法治模式能否实现超越"，当我用后现代的视角去研究劳动与劳动法时，其所描述的劳动法是超越了现代性的后现代性劳动法。本文认为：后现代的劳动法在思维上需要革新，甚至在形式上也需要进化。劳动法律思维的革新将改变劳动法中的权利义务关系的静态配置，法律内容将以动态或抽象的方式呈现。为了适应和承载新的法律内容，劳动法的形式将发生进化，可以呈现三种进化路径。第一种进化是通过行业规范及社会保险功能的进一步开拓，形成对劳动法的补充；第二种进化是通过劳动法学理论和逻辑的精进，增加法律制度的高度抽象性、功能主义思考和自我反思性。第三种进化是劳动法规则形式的根本性变化，将法律或规则以计算机语言书写，以运算程序的形式出现，将法律进化为一种"算法"。但是，无论劳动法思维如何革新，形式如何进化，我们必须坚守住劳动法的法律理想。因为只有坚守理想才不会迷失在形形色色的思潮与主义之中，也才能在保护劳动法的品格和精神的前提下促其与时俱进地发展，而不是异化或消亡。

参考文献

著作类：

陈嘉明：《现代性与后现代性十五讲》，北京大学出版社 2017 年版。

陈景辉：《法律的界限——实证主义命题群之展开》，中国政法大学出版社 2007 年版。

程延园：《劳动法与劳动争议处理》，中国人民大学出版社 2013 年版。

崔永东：《中西法律文化比较》，北京大学出版社 2004 年版。

董保华：《劳动争议维权典型案例精析》，法律出版社 2013 年版。

冯玉军：《法治中国：中西比较与道路模式》，北京师范大学出版社 2017 年版。

公丕祥：《法制现代化的理论逻辑》，中国政法大学出版社 1999 年版。

郭道晖：《法的时代精神》，湖南出版社 1997 年版。

郭捷：《劳动法与社会保障法》，法律出版社 2016 年版。

何勤华：《法治的追求：理念、路径和模式的比较》，北京大学出版社 2005 年版。

何勤华：《外国法制史》，法律出版社 1997 年版。

何勤华：《西方法学史》，中国政法大学出版社 1996 年版。

何勤华：《英国法律发达史》，法律出版社 1999 年版。

贺善侃：《发展哲学研究论纲》，上海三联书店 2005 年版。

胡恩华：《社会转型背景下的中国非国有企业与工会关系的研究：

双组织承诺的视角》，经济科学出版社2015年版。

黄程贯：《劳动法》，台北：空中大学印行2001年版。

黄文艺：《全球结构与法律发展》，法律出版社2006年版。

黄越钦：《劳动法新论》，中国政法大学出版社2003年版。

季卫东：《正义思考的轨迹》，法律出版社2007年版。

姜涛：《劳动刑法制度研究》，法律出版社2013年版。

李剑农：《中国古代经济史稿》（上、中、下），武汉大学出版社2011年版。

林嘉：《劳动法的原理、体系与问题》，法律出版社2016年版。

刘旭：《国际劳工标准概述》，中国劳动社会保障出版社2003年版。

邱少晖：《二十世纪中国工会法变迁研究》，中国政法大学出版社2013年版。

孙国华主编：《法理学教程》，中国人民大学出版社1994年版。

台湾地区劳动法学会编：《劳动基准法释义——施行二十年之回顾与展望》，新学林出版股份有限公司2005年版。

王金山：《法院审理劳动争议案件观点集成》，中国法制出版社2016年版。

王林清、杨心忠：《劳动合同纠纷裁判精要与规则适用 [Labor Contract Disputes Judicial Opinions and Appliation Rules]》，北京大学出版社2013年版。

王明哲：《互联网+工会：现代工会干部互联网思维与改革创新意识》，中国实言出版社2016年版。

王奇才：《法治与全球治理》，法律出版社2012年版。

王全兴：《劳动法学》，法律出版社2017年版。

王向民：《准官僚组织的自主性——义乌工会研究》，上海人民出版社2014年版。

夏勇主编：《走向权利的时代：中国公民权利发展研究》，社会科学文献出版社2007年版。

谢长天：《功能视域下的劳动法制完善研究》，法律出版社2012年版。

谢彭程：《公民的基本权利》，中国社会科学出版社1997年版。

尹奎杰：《权利发展研究》，吉林大学出版社2014年版。

尹奎杰：《权利思维方式研究》，吉林人民出版社2006年版。

张晋藩：《中华法治文明史》（古代卷），法律出版社2013年版。

张明楷：《法益初论》，中国政法大学出版社2000年版。

张文显：《二十世纪西方法哲学思潮研究》，法律出版社1996年版。

郑尚元：《劳动法与社会法专论》，法律出版社2015年版。

中共中央编译局：《马克思恩格斯选集》（第三卷、第四卷），人民出版社1972年版。

［奥］路德维希·维特根斯坦：《逻辑哲学论》，贺绍甲译，商务印书馆1996年版。

［德］哈贝马斯：《在事实与规范之间——关于法律和民主法治国的商谈理论》，童世骏译，生活·读书·新知三联书店2004年版。

［德］卡尔·拉伦茨：《法学方法论》，陈爱媛译，商务印书馆2003年版。

［德］康德：《纯粹理性批判》，邓晓芒译，人民出版社2015年版。

［德］康德：《判断力批判》，邓晓芒译，人民出版社2015年版。

［德］康德：《实践理性批判》，邓晓芒译，人民出版社2015年版。

［德］罗伯特·阿列克西：《法理性商谈——法哲学研究》，朱光译，法律出版社2011年版。

［德］马克斯·韦伯：《新教伦理与资本主义精神》，于晓、陈维纲等译，陕西师范大学出版社2006年版。

［德］马克斯·韦伯：《经济与社会》（第一卷），阎克文译，上海世纪出版集团2010年版。

［德］马克斯·韦伯：《经济与社会》（第一卷），阎克文译，上海人民出版社2010年版。

［德］瓦尔特曼：《德国劳动法》，沈建峰译，法律出版社2014

年版。

［德］沃尔夫根·冯·李希霍芬：《劳动监察：监察职业指南》，劳动和社会保障部国际劳动与信息研究所译，中国劳动社会保障出版社2004年版。

［法］福西耶：《中世纪劳动史》，陈青瑶译，上海人民出版社2007年版。

［法］利奥塔：《后现代状况：关于知识的报告》，车槿山译，上海三联书店1997年版。

［法］孟德斯鸠：《论法的精神》，张雁深译，商务印书馆2006年版。

［古罗马］M. P. 加图：《农业志》，马香雪、王阁森译，商务印书馆1986年版。

［古希腊］亚里士多德：《政治学》，吴寿彭译，商务印书馆1965年版。

［捷］奥塔·锡克：《经济—利益—政治》，中国社会科学出版社1984年版。

［美］L. 亨金：《权利的时代》，知识出版社1997年版。

［美］阿里尔·鲁宾斯坦：《有限理性建模》，倪晓宁译，中国人民大学出版社2005年版。

［美］安德鲁·奥尔特曼：《批判法学——一个自由主义的批评》，信春鹰等译，中国政法大学出版社2009年版。

［美］戴维·兰德斯：《国富国穷》，门洪华等译，新华出版社2001年版。

［美］赫伯特·马尔库塞：《单向度的人：发达工业社会意识形态研究》，刘继译，上海译文出版社2008年版。

［美］罗伯特·C. 埃里克森：《无需法律的秩序——邻人如何解决纠纷》，苏力译，中国政法大学出版社2003年版。

［美］罗斯科·庞德：《通过法律的社会控制》，沈宗灵译，商务印

书馆 2013 年版。

［美］詹明信：《晚期资本主义的文化逻辑》，张旭东编，陈清侨等译，生活·读书·新知三联书店 1997 年版。

［日］大前研一：《低欲望社会》，东京：小学馆，2015 年版。

［日］大须贺明：《生存权论》，林浩译，法律出版社 2001 年版。

［意］桑德罗·斯其巴尼选编：《正义与法》，黄风译，中国政法大学出版社 1992 年版。

［英］巴里·尼古拉斯：《罗马法概论》，黄风译，法律出版社 2010 年版。

［英］戴雪：《英宪精义》，雷宾南译，法律出版社 2012 年版。

［英］史蒂芬·哈迪：《英国劳动法与劳资关系》，陈融译，商务印书馆 2012 年版。

［英］约·马里欧特：《现代英国》（上册），姚曾庆译，商务印书馆 1973 年版。

［英］约翰·克拉潘：《简明不列颠经济史》，范定九、王祖廉译，上海译文出版社 1980 年版。

［英］约翰·洛克：《政府论》，刘晓根译，北京出版社 2007 年版。

［英］詹姆士·哈林顿：《大洋国》，何新译，商务印书馆 1996 年版。

论文类：

曹燕：《"劳动者"的法律重释：境况、身份与权利》，《法学家》2013 年第 2 期。

柴彬：《英国工业化时期的工资问题、劳资冲突与工资政策》，《兰州大学学报》2013 年第 2 期。

常凯：《劳动关系的集体化转型与政府劳工政策的完善》，《中国社会科学》2013 年第 6 期。

陈金钊：《法律解释规制及其运用研究（上）——法律解释规则的

含义与问题意识》，《政法论丛》2013 年第 3 期。

陈俊洁：《我国劳动执法体制功能的失位与重塑》，《政法论丛》2015 年第 3 期。

程延园：《集体谈判制度在我国面临的问题及其解决》，《中国人民法学学报》2004 年第 2 期。

程竹汝：《中国法治模式建构中的政治逻辑》，《中共中央党校学报》2016 年第 4 期。

董保华：《劳动领域群体争议的法律规制》，《法学》2017 年第 7 期。

董保华：《论劳动争议处理立法的基本定位》，《法律科学》2008 年第 2 期。

董保华、李干：《构建和谐劳动关系的新定位》，《南京师大学报》2016 年第 2 期。

冯彦君：《"和谐劳动"的观念塑造与机制调适》，《社会科学战线》2015 年第 7 期。

冯彦君：《集体合同效力的生成与实现——以营造"和谐劳动"为目标》，《南京师大学报》（社会科学版）2016 年第 2 期。

冯彦君：《解释与适用——对我国劳动法第 31 条规定之检讨》，《吉林大学社会科学学报》1999 年第 2 期。

冯彦君：《劳动权的多重意蕴》，《当代法学》2004 年第 2 期。

冯彦君：《劳动权论略》，《社会科学战线》2003 年第 1 期。

冯彦君：《理想与现实之间的〈劳动合同法〉——总体评价与创新点解析》，《当代法学》2008 年第 6 期。

冯彦君：《社会弱势群体法律保护问题论纲》，《当代法学》2005 年第 4 期。

冯彦君：《中国特色社会主义社会法学理论研究》，《当代法学》2013 年第 3 期。

冯彦君、张颖慧：《"劳动关系"判定标准的反思与重构》，《当代法学》2011 年第 6 期。

冯正好：《论中世纪西欧的农业》，《农业考古》2016 年第 4 期。

郭捷、王晓东：《劳动关系及其法律调整的历史演进》，《法学研究》1998 年第 5 期。

侯继虎：《我国法治模式的选择及其实现》，《河南社会科学》2013 年第 13 期。

金燕：《英国前工业社会的劳工立法研究》，《历史教学》2012 年第 16 期。

雷磊：《指导性案例法源地位再反思》，《中国法学》2015 年第 1 期。

李龙：《法治模式论》，《中国法学》1991 年第 6 期。

李雄：《我国劳动争议调解制度的理性检讨与改革前瞻》，《中国法学》2013 年第 4 期。

林嘉：《劳动法视野下社会协商制度的构建》，《法学家》2016 年第 3 期。

林嘉：《审慎对待〈劳动合同法〉的是与非》，《探索与争鸣》2016 年第 8 期。

刘汉伟、刘金祥：《我国劳动基准立法体例探究》，《华东理工大学学报》（社会科学版）2017 年第 1 期。

刘金源：《〈反结社法〉与英国工业化时期劳资关系》，《世界历史》2009 年第 4 期。

刘妍、周中之：《和谐劳动关系的道德调整及其实现路径》，《上海财经大学学报》2011 年第 4 期。

刘熠：《云计算概念及核心技术综述》，《中国新通信》2017 年第 4 期。

马长山：《国家"构建主义"法治的误区与出路》，《法律评论》2016 年第 4 期。

潘天君、欧阳忠明：《人工智能时代的工作与职业培训：发展趋势与应对思考——基于〈工作与职业培训的未来〉及"云劳动"的解读》，《远程教育杂志》2018年第1期。

钱大军、薛爱昌：《繁华与无序：法律体系构建的中国模式之检讨》，《法律科学》（西北政法大学学报）2016年第1期。

钱叶芳：《劳动合同法修改之争及修法建议》，《法学》2016年第5期。

秦国荣：《劳动权的权利属性及其内涵》，《环球法律评论》2010年第1期。

秦晖：《关于汉唐商品经济之比较——兼答疑者》，《社会科学辑刊》1993年第5期。

饶东辉：《民国北京政府的劳动立法初探》，《近代史研究》1998年第1期。

邵彦敏、杨帆：《利益共享与和谐劳动关系构建》，《求是学刊》2017年第6期。

石茂生：《论法治模式》，《郑州大学学报》2002年第3期。

苏力：《中国当代法律中的习惯——从司法个案透视》，《中国社会科学》2000年第3期。

苏青：《法益理论的发展流源及其启示》，《法律科学》2011年第3期。

孙德强：《我国工会制度的困境与出路——关于工会法实施情况的调查报告》，《中国劳动关系学院学报》2012年第1期。

图衣布纳：《现代法中的实质要素和反思要素》，矫波译，《北大法律评论》1999年第2卷第2辑。

汪进元：《法治模式论》，《现代法学》1999年第2期。

韦志明：《法律习惯化与习惯法律化（上）》，《青海民族研究》2009年第3期。

谢德成：《转型时期的劳动关系：趋势与思维嬗变》，《四川大学学报》（哲学社会科学版）2016年第6期。

谢增毅：《我国劳动关系法律调整模式的转变》，《中国社会科学》2017年第2期。

徐浩：《中世纪西欧工资劳动市场再探——以产生时间和原因为中心》，《世界历史》2016年第4期。

姚先国、李敏、韩军：《公会在劳动关系中的作用——基于浙江省的实证分析》，《中国劳动关系学院学报》2009年第1期。

叶传星：《利益多元化与法治秩序》，《法律科学》1997年第4期。

游正林：《对中国劳动关系转型的另一种解读——与常凯教授商榷》，《中国社会科学》2014年第3期。

喻中：《论"治—综治"取向的法治模式》，《法商研究》2011年第3期。

张志铭：《转型中国的法律体系建构》，《中国法学》2009年第2期。

郑尚元：《劳务派遣用工管制与放松之平衡——兼析〈劳动合同法〉第58条第2款》，《法学》2014年第7期。

郑尚元、王艺非：《用人单位劳动规章制度形成理性及法制重构》，《现代法学》2013年第6期。

古籍类：

《国语·齐语》

《考工记》

《工律》《工人程》《均工律》《效律》《秦律杂抄》

《史记·商君列传》

《汉书·高帝纪》

《汉书·食货志》

《云麓漫钞》卷四

《唐律疏议》

《新唐书·百官志》

《续资治通鉴长编》卷二六二
《钦定例》
《雇工人法》
《成案质疑》
《成案续编》
《奉各宪永禁机匠叫歇碑记》，见《江苏省明清以来碑刻资料选集》
《大清会典事例》卷八一零《刑部·刑律斗殴》
《中华民国立法全书》午
《中国之劳动时间制》，《晨报》1919年12月7日
《农商部注重民生之通告》，《大公报》1920年3月13日

后记：人何以强大

今天，我完成了博士学位论文。

曾经幻想过完成博士学位论文时写后记的心情，那时一定身心俱疲，但又会亢奋而激动地跪谢天地亲师，然后苦情地诉说着自己的辛苦付出。但是，出乎意料地，我此刻的内心宁静而充盈，好像准备好了迎接未来的种种挑战，化解生命里的万般冲突。当感觉自己不畏惧任何困难时，就有了面对一切的自信和勇气，我想，这种感觉应该是"强大"。本质上，人的强大不是金钱或权力等外在所赋予的，而是自己内心的强大——强大是一种主观感受——至少此刻我感受到了"强大"。因此，我想分享此时此感，希望能发现"强大"感受的心理构成。从另一个角度，我研究的既然是倾斜保护"弱势群体"的法律，那么"何以强大"自然应该在我的研究范畴之中，正如我的导师冯彦君教授所言，对于弱者的最佳保护是给予"机会"和"能力"，因此用"人何以强大"为题做本书后记再恰当不过，毕竟每个人在某一刻都可能是弱者。

首先，我感觉"幸福"。当然，"幸福"是更加难以名状的主观感受，我的"幸福"感来源于爱与被爱的感受。我无比深爱着这个世界，也真切地感觉被这个世界眷顾着。我感激母亲的教育，让我没有迷失在对世俗上"成功"的竭尽追求和无尽的欲望洪流之中，让我成为了真实的自己；我感激妻子的陪伴，她与我安贫乐道的生活，纵我不问柴米地追求学术梦想；我感激朋友、同学、同事，让

后记：人何以强大

我在寂寞的求索之途中不再孤单，我们互相砥砺互相成就；我更感激一路的授业恩师，硕导尹奎杰教授将我带入了瑰丽的学术世界，而博士导师冯彦君教授更是对我倾囊相授，精心雕琢。博士期间的每一篇论文冯老师都逐字锤炼，每每忆起字里行间密密麻麻的修改意见都感动不已。博士期间我们师徒一起发表了多篇论文，就连博士论文题目也是老师苦心孤诣为我量身打造的，这种真正意义的学术合作让我感觉自己的博士生涯非常真实。在这种感恩心、幸运感和自我认同感下，几年来我几乎没有过"负能量"情绪。读博士确实辛苦，不分昼夜，皓首穷经，但这就是我梦想的一部分；大学教师薪水确实少，但是我可以用精神的自由解放物欲的奴役。虽然偶尔需要阿Q一下，但是我仍然活在自己的梦想之中，成为了自己想要的样子，我想这个状态一定是"幸福"。

我想，"强大"的第一步就是让自己拥有这样的"幸福"，"强大"的内核一定是柔软的"爱"，真正强大的人一定更容易被世界的美好所打动。

幸福之后我感觉到了"力量"，这是一种知行合一的能力和一种深入骨髓的自信力。读博之前，我只有对学术满腔的热情和一些天马行空的想法，喜欢到处侃侃而谈，表面上言之凿凿，心底却暗暗发虚。读博士之后，开始在老师的指点下真正地写一点东西，在与老师反反复复的逐字推敲中才渐渐开始明白"学术规范"和"学术话语"的意义。之后每和老师完成一篇论文，都感觉自己和以前不太一样，虽然越来越不喜欢发表意见或表达自己，但是身边的事情好像越来越清晰了，好像在学术训练过程中体悟到了分析和解决生活中出现的种种问题的能力。再后来，老师给了我这个博士学位论文题目，一个在同学眼中"没法完成"的题目。初闻该题我也是全然"不知所以"，但最终还是应了下来，因为我相信自己可以，也有欲望将其搞清楚，弄明白。经历了无数个不眠的夜晚，无数次思维困境和无数次的顿悟，今天终于完成了初稿，不知道是否能达到老师的心意，至少，我回答了当年自己的疑问。在博士学位论文的创作过程中，我感觉到自己"力量"的增加。

我想，"强大"的第二步就是让自己拥有这样的"力量"，这是一种认识和解决问题的能力，这种能力是"强大"的"硬核"，有了它才能敢想敢做，无所畏惧！

透过柔软的幸福与坚硬的力量，我看到"强大"的最深处——是谦卑。因为选择了学术，有幸在三十岁时还可以窝在书斋里与人类历史上最伟大的智者交流，虽然有时这种交流让我困惑，比如，宇宙到底是有序的，还是混沌的？人生到底是宿命的，还是虚无的？这会让我陷入一些终极苦恼之中而难以解脱，还好我一次次走了出来。但是每一次"交流"都让我深感"人"的伟大，都让我对人的精神世界充满敬畏。"人"是人的造物，我在这个大写的"人"面前渺小如尘埃，谦卑地匍匐着，但是此刻的我，心中好像拥有了一个世界。这可能是"强大"的本质。

据此得出主观臆断的结论："强大"是一种心理感受，而"幸福"—"力量"—"谦卑"是其心理结构。这些心理元素是人类共通的，因此，虽然每个人在某一刻都可能是弱者，但是每个人也都可能变得强大。